DEUTSCH

Rechtschreibung 5. und 6. Klasse
ISBN 3-411-05683-5

Rechtschreibung 7. und 8. Klasse
ISBN 3-411-05692-4

Grammatik 5. und 6. Klasse
ISBN 3-411-71372-0

Grammatik 7. und 8. Klasse
ISBN 3-411-71382-8

Diktattrainer 5. Klasse
Mit Audio-CD zum Üben
ISBN 3-411-71012-8

Diktattrainer 6. Klasse
Mit Audio-CD zum Üben
ISBN 3-411-71022-5

Diktattrainer 7. Klasse
Mit Audio-CD zum Üben
ISBN 3-411-71032-2

Diktattrainer 8. Klasse
Mit Audio-CD zum Üben
ISBN 3-411-71042-X

Aufsatz/Erzählen
5. bis 7. Klasse
ISBN 3-411-05822-6

Aufsatz/Bericht
5. bis 8. Klasse
ISBN 3-411-05732-7

Aufsatz/Inhaltsangabe
7. bis 9. Klasse
ISBN 3-411-05801-3

Aufsatz/Beschreibung
7. bis 10. Klasse
ISBN 3-411-05761-0

Aufsatz/Erörterung
8. bis 10. Klasse
ISBN 3-411-05741-6

ENGLISCH

Englisch 5. Klasse
ISBN 3-411-71282-1

Englisch 6. Klasse
ISBN 3-411-71292-9

Englisch 7. Klasse
ISBN 3-411-71302-X

Englisch 8. Klasse
ISBN 3-411-71311-9

Englisch 9. Klasse
ISBN 3-411-71321-6

Englisch 10. Klasse
ISBN 3-411-71331-3

FRANZÖSISCH

Französisch 7. Klasse
ISBN 3-411-70241-9

Französisch 8. Klasse
ISBN 3-411-70251-6

Französisch 9. und 10. Klasse
ISBN 3-411-70261-3

Duden Schülerhilfen

Französisch 8. Klasse

Übungen zur Grammatik
und zum Wortschatz

Für das 2. Lernjahr

von Sylvia Böhm und Sylvie Bordeaux-Strempel

mit Illustrationen von Detlef Surrey

Dudenverlag

Mannheim · Leipzig · Wien · Zürich

Bibliografische Information der Deutschen Bibliothek
Die Deutsche Bibliothek verzeichnet diese Publikation in der Deutschen Nationalbibliothek; detaillierte bibliografische Daten sind im Internet über http://dnb.ddb.de abrufbar.

1. Auflage

D C B
Redaktionelle Leitung: Heike Krüger
Herstellung: Annette Scheerer
Redaktion: Caroline Gutberlet
Umschlagkonzept: Bender & Büwendt, Berlin
Satz: Offizin Wissenbach, Höchberg bei Würzburg
Druck: Druckhaus Langenscheidt KG, Berlin
Bindearbeit: Schöneberger Buchbinderei, Berlin
Printed in Germany
ISBN 3-411-70251-6

Liebe Schülerin, lieber Schüler,

du hast nicht alles im Französischunterricht verstanden, weil deine Lehrerin oder dein Lehrer zu schnell vorgeht? Du möchtest dich auf eine Klassenarbeit oder einen Test vorbereiten, indem du den gelernten Stoff mit vielen Übungen trainierst?
Dann findest du in dieser „Duden-Schülerhilfe“ die richtige Unterstützung für das 2. Lernjahr. Vielleicht kennst du schon den ersten Band dieser Reihe. Dann weißt du, dass dir die Grammatik Schritt für Schritt erklärt wird und du sie mit vielen Übungen festigen kannst. Einige Übungen geben dir auch mehr Sicherheit bei der französischen Rechtschreibung, sodass du bei schriftlichen Arbeiten weniger Fehler machst.

Was findest du in diesem Buch?
- Grammatik – ausführlich, aber einfach erklärt, ergänzt durch Lerntipps und Hinweise, die dir helfen, Fehler zu vermeiden
- Grundwortschatz – die wichtigsten Wörter, die man für bestimmte Sprachsituationen kennen muss
- zahlreiche Übungen zu Grammatik, Wortschatz und Rechtschreibung mit Lösungen – zum Vertiefen und zur Selbstkontrolle

Wie arbeitest du mit diesem Buch?
Du kannst jedes Kapitel systematisch von Anfang bis Ende durcharbeiten, du kannst dir aber auch gezielt ein Grammatikkapitel im Inhaltsverzeichnis heraussuchen, das dir Schwierigkeiten bereitet.

In beiden Fällen gehst du am besten so vor:
- Lies die Grammatik am Anfang jedes Kapitels sorgfältig durch. Präg dir ein, was du noch nicht beherrschst.
- Lerne die Wörter aus der Liste mit dem Grundwortschatz, die dir unbekannt sind.
- Mach die Übungen schriftlich und sprich **laut** mit, was du schreibst.
- Vergleiche deine Antworten mit denen im Lösungsteil.
- Leg dir ein Extraheft zu, in dem du deine Fehler notierst. Geh die Verbesserungen von Zeit zu Zeit durch.

Vorwort

Um dir die Übersicht zu erleichtern, gibt es folgende Symbole:

Regel → 

Fehlerquelle → 

Tipp → 

Beispiel → 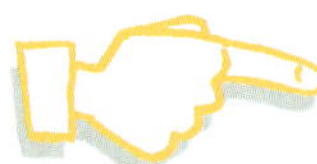

Aufgabe → 

Wir wissen, dass du auch noch für andere Fächer arbeiten musst, nimm dir also nicht zu viel auf einmal vor. Besser ist es, wenn du dir **regelmäßig** etwas Zeit für die Arbeit mit diesem Buch nimmst. Du wirst sehen, mit der Zeit kommt der Erfolg.

Den wünschen dir
die Autorinnen und die Redaktion

Inhalt

Kapitel 1

Fragesätze mit und ohne Fragewort

In diesem Kapitel geht es um die einfachen Fragesätze, die ohne Fragewort gebildet werden, und um Fragen, die mit den Fragewörtern «qui», «que», «où», «quand», «pourquoi» und «quel» eingeleitet werden.

Grammatik

Du wirst auf den folgenden Seiten öfter den Begriff **Aussagesatz** lesen. Bei dieser Satzart steht im Französischen grundsätzlich das **Subjekt vor dem Prädikat:**

Pierre travaille. — Peter arbeitet.

Vergleiche hierzu:

A 9 heures, Pierre travaille.	Um 9 Uhr arbeitet Peter.
Subjekt – Prädikat	Prädikat – Subjekt

Im Französischen bleibt die Reihenfolge Subjekt–Prädikat auch dann erhalten, wenn ein Adverbiale vorausgeht, während die Reihenfolge im Deutschen umgedreht wird.

A l'hôpital, **les médecins travaillent** nuit et jour.
Im Krankenhaus **arbeiten die Ärzte** Tag und Nacht.

1.1 Fragesätze ohne Fragewort

Fragesätze ohne Fragewort unterscheiden sich von Aussagesätzen nur durch die **Satzmelodie** (Intonation):

Aussagesatz	Fragesatz (Intonationsfrage)
On va au cinéma. Wir gehen ins Kino.	On va au cinéma? Gehen wir ins Kino?

1 Fragesätze mit und ohne Fragewort

Beim **Aussagesatz** sinkt die Satzmelodie am Satzende.	Beim **Fragesatz** steigt die Satzmelodie bis zum Satzende an.

Fragesätze, auf die es die Antworten „Ja“ oder „Nein“ gibt, kannst du im Französischen ganz leicht mit «**est-ce que**» bilden:

Frage: Arbeitet Pierre? (Antwort: Ja, … bzw. Nein, …)
Est-ce que Pierre travaille?

*Nach «est-ce que» werden Subjekt (Pierre) und Prädikat (travaille) **nicht** umgestellt, sondern man schließt einen Aussagesatz an. Die Frage steckt bereits in «est-ce que»:*

Est-ce que + Aussagesatz = Fragesatz

Verwende «est-ce que …»-Fragen! Du brauchst dann nicht zu überlegen, wie die Wortstellung sein muss. Sie bleibt wie in einem Aussagesatz.

Aussagesatz
Ton copain joue au football. — *Dein Freund spielt Fußball.*

Fragesatz
Est-ce que ton copain joue au football? — *Spielt dein Freund Fußball?*

Aussagesatz
Le train arrive à 8 heures. — *Der Zug kommt um 8 Uhr an.*

Fragesatz
Est-ce que le train arrive à 8 heures? — *Kommt der Zug um 8 Uhr an?*

Bei **verneinten** Fragesätzen umschließt «**ne** … **pas**» das Verb wie bei Aussagesätzen:

Est-ce qu'il **n'est pas** à la maison? Ist er nicht zu Hause?

Die verneinte Antwort lautet:

Non, il **n'est pas** à la maison. Nein, er ist nicht zu Hause.

Beachte, dass «**si**» für das deutsche „doch" in der bejahten Antwort steht:

Si, il est à la maison. **Doch**, er ist zu Hause.

1.2 Fragesätze mit Fragewörtern

Die Fragewörter und Beispielsätze werden **mit** und **ohne** «**est-ce que**» angegeben. Beachte die jeweilige Wortstellung!

Fragen nach einer **Person** als Subjekt	**Qui** …? **Qui est-ce qui** …? Wer …?	Qui arrive? Qui est-ce qui arrive? Wer kommt?
Fragen nach einer **Sache** als Objekt	**Que** …? **Qu'est-ce que** …? Was …?	Que regarde Luc? Qu'est-ce que Luc regarde? Was schaut Luc an?
Frage nach einem **Ort**	**Où** …? **Où est-ce que** …? Wo …? Wohin …?	Où travaille M. Lepont? Où est-ce que M. Lepont travaille? Wo arbeitet Herr Lepont?
Frage nach einer **Zeit**	**Quand** …? **Quand est-ce que** …? Wann …?	Quand rentre Marc? Quand est-ce que Marc rentre? Wann kommt Marc heim?
Frage nach einem **Grund**	**Pourquoi** …? **Pourquoi est-ce que** …? Warum …?	Pourquoi partez-vous déjà? Pourquoi est-ce que vous partez déjà? Warum reist ihr/reisen Sie schon ab?

1 Fragesätze mit und ohne Fragewort

Merke dir dazu Folgendes:

1. Ebenso wie «tu» wird «qui» **nie** apostrophiert:

   tu achètes – qui achète

2. Ohne «accent grave» (`) bedeutet «**ou**» „oder“.

   Merke: Auf dem „wo“ (où) sitzt ein „Floh“,
   d. h. ein «accent grave» (où = wo; ou = oder).

3. Bei Fragesätzen, in denen das Pronomen auf das Verb folgt, kommt zwischen Verb und Pronomen ein **Bindestrich:**

   Pourquoi partez-vous?

4. Antworten auf das Fragewort «pourquoi» (warum) beginnen mit «**parce que**» (weil) oder «**à cause de**» (wegen):

   Pourquoi est-ce que tu restes à la maison?
   Je reste à la maison **parce que** j'ai beaucoup de travail.
   (… weil ich viel Arbeit habe.)
   Je reste à la maison **à cause du** mauvais temps.
   (… wegen des schlechten Wetters.)

5. In der Umgangssprache werden die Fragewörter «**où**», «**quand**» und «**qui**» auch nachgestellt:

Tu habites **où**?	Wo wohnst du?
Le train arrive **quand**?	Wann kommt der Zug an?
M. Dupont, c'est **qui**?	Herr Dupont? Wer ist das?

*Bei **Inversionsfragen** steht das Prädikat **vor** dem Subjekt.*

*Que **fait** Pierre?*	*Was macht Pierre?*
*Où **jouent** les enfants?*	*Wo spielen die Kinder?*

*Wenn das Subjekt kein Nomen (Pierre, les enfants), sondern ein **Pronomen** ist, so steht dazwischen ein **Bindestrich**:*

Que fait-il?
Où jouent-ils?

*Wenn du unsicher bist, verwende **«est-ce que ...?»**:*

Que** + **est-ce que** + **Aussagesatz
Qu'est-ce que Pierre fait?

Où** + **est-ce que** + **Aussagesatz
Où est-ce que les enfants jouent?

***Beachte:** Da bei «que» + «est-ce que» zwei Vokale aufeinander treffen, wird das erste «e» apostrophiert und «que» wird zu «qu'».*

1.3 Das Fragewort «quel»

«**quel**» (welcher, welche, welches) hat vier Formen, die sich danach richten, ob es sich auf ein maskulines oder feminines Nomen bezieht und ob dieses Nomen im Singular oder Plural steht.

	maskulines Nomen	feminines Nomen
Singular	**Quel** garçon?	**Quelle** fille?
Plural	**Quels** garçons?	**Quelles** filles?

*Die vier Formen «quel», «quelle», «quels» und «quelles» werden **gleich** ausgesprochen: [kɛl].*

*Achte also darauf, auf welches **Nomen** sich «quel» bezieht.*

«**quel**» wird auch **prädikativ**, das heißt vor dem Verb «être», verwendet. Dann wird es ebenfalls an das Nomen angeglichen.

1 Fragesätze mit und ohne Fragewort

Quelles sont les photos de Pierre?	Welche Fotos gehören Pierre?
Quelle est la BD d'Yvonne?	Welches Comic-Heft gehört Yvonne?

Beachte die **festen Wendungen** mit «**quel**»:

Quelle heure est-il?	Wie viel Uhr ist es?
Quel âge as-tu?	Wie alt bist du?
Quel est son nom?	Wie heißt er/sie?
De quelle couleur est le/la …?	Welche Farbe hat der/die …?

*Die Frage nach einer **Farbe** wird im Deutschen mit der 3. Person von „haben", im Französischen mit der 3. Person von «être» gebildet:*

*De quelle couleur **sont** les jeans des filles?*
*Welche Farbe **haben** die Jeans der Mädchen?*

Wortschatz

Präge dir die Wörterliste zum Wortfeld «le magasin» (das Geschäft) ein, bevor du die Aufgaben bearbeitest.

le magasin (de sport)	das (Sport-)Geschäft
le marché	der Markt
le kiosque	der Kiosk
le distributeur automatique	der Warenautomat
la boulangerie	die Bäckerei
une épicerie	ein Lebensmittelgeschäft
la papeterie	das Schreibwarengeschäft
la librairie	die Buchhandlung

A 1 Wo kaufst du …?

1. des livres – dans une ____________________
2. du pain – dans une ____________________
3. des journaux – au ____________________
4. du sucre, du sel – dans une ____________________
5. une raquette de tennis – dans un ____________________

A 2 Was kannst du an einem Warenautomaten kaufen? Unterstreiche die Waren.

des œufs – de la limonade – des cahiers – des bonbons – des cigarettes – du vin – du papier

A 3 Bilde aus dem Durcheinander von Wörtern und Buchstaben Fragesätze.

1. Luc – à – Qu' – sa – ce – copine – dit – est – que

____

2. cinéma – est – Pourquoi – ne – tu – au – ce – vas – pas – que

____

A 4 Stelle Fragen nach den unterstrichenen Satzteilen und verwende dabei «est-ce que».

1. Marie achète du papier à lettres <u>à la papeterie</u>.

____

2. Nous allons arriver à Paris <u>demain soir</u>.

____

3. Elle achète les pommes de terre et la salade au marché.

____

4. Pierre va à la librairie parce qu'il veut acheter un plan de Paris.

____

5. Marie écrit une carte postale à ses parents.

____

A 5 Stelle Fragen mit und ohne «est-ce que» nach den fehlenden Satzteilen.

1. … n'est pas à la maison.

____

2. Yvonne regarde les …

____

3. Claudine parle avec …

____

4. Ils vont à la papeterie parce qu'ils …

____

A 6 Bilde Fragen mit den Formen von «quel».

1. ________ distributeur automatique fonctionne?
2. A ________ heure ouvre le magasin de sport?
3. ________ magasins sont ouverts le dimanche?
4. ________ baguettes achetez-vous à la boulangerie?

A 7 Stelle Fragen mit den Formen von «quel». Du möchtest wissen, ...

1. wie viel Uhr es ist.
2. welche Farbe das Auto hat.
3. wie alt Marc ist.
4. wie dieser Junge heißt.
5. welche Farben die T-Shirts (les t-shirts) haben.

A 8 Bilde Fragen mit nachgestelltem Fragewort zu den vorgegebenen Antworten.

1. ...? – L'épicerie est dans la rue de Strasbourg.
2. ...? – Luc achète un journal pour M. Bonnet.
3. ...? – Le magasin de sport ouvre au mois de septembre.

A 9 Übersetze (auf einem Extrablatt).

1. Wo kann man hier Zeitungen kaufen? – Am Kiosk im Bahnhof.
2. Haben Sie kein Kleingeld für den Automaten, bitte? – Doch, hier sind fünf Euro.
3. Warum kaufst du das Obst nicht auf dem Markt? – Weil es sehr teuer ist.

A 10 Rechtschreibung

1. Ergänze mit «où» oder «ou»:
   ____ vas-tu? A l'épicerie ____ au marché? – Ton école est ____?
2. Ergänze die fehlenden Apostrophe und Bindestriche:
   Qu est ce que c est?
3. Ergänze mit den Formen von «quel»:

   _______ garçons et _______ filles sont dans la classe?

   A _______ gare arrivez-vous? Et à _______ heure?

   _______ est le nom de ce monsieur?

Das Adjektiv

In diesem Kapitel geht es um die Formen und die Stellung des Adjektivs. Dabei wirst du feststellen, wie wichtig es ist zu wissen, ob ein Nomen männlich oder weiblich ist, denn ungefähr die Hälfte aller Adjektive haben dafür verschiedene Formen.

Grammatik

2.1 Weibliche und männliche Formen

Weibliche Adjektive enden im Schriftbild meistens auf **-e**:

männlich	**weiblich**
un touriste français [frãsɛ]	une touriste française [frãsɛz]
un garçon allemand [almã]	une fille allemande [almãd]

Beim weiblichen Adjektiv wird der **Endkonsonant** ausgesprochen, beim männlichen nicht.

Beachte, dass man bei Adjektiven, die auf einen ***Vokal*** *enden, keinen Unterschied zwischen weiblicher und männlicher Form hört:*

un joli jardin [ʒɔli] *une jolie maison [ʒɔli]*

Achte also beim Schreiben darauf, ob sich das Adjektiv auf ein weibliches oder ein männliches Nomen bezieht.

Ausnahmen:

1. Die in der Umgangssprache verwendeten Adjektive «**super**», «**extra**» (toll) und «**sympa**» haben keine weibliche Form:

   un homme sympa/super une femme sympa/super

2. Einige Adjektive haben **unregelmäßige** weibliche Formen:

bon	**bonne**	**cher** (lieber)	**chère** (liebe)
un bon café	une bonne soupe	cher Robert	chère Nadine

Tipp!

Lerne beim Adjektiv immer die weibliche Form mit, wenn sie sich von der männlichen unterscheidet:

anglais – anglaise;
intéressant – intéressante;
allemand – allemande usw.

2.2 Singular und Plural

Das Adjektiv richtet sich nicht nur nach dem **Geschlecht** (Maskulinum bzw. Femininum), sondern auch nach der **Zahl** (Singular bzw. Plural) **des Nomens,** auf das es sich bezieht.

Im Plural wird fast immer ein **-s** angehängt, das jedoch – außer bei Bindungen – nicht ausgesprochen wird.

Singular	**Plural**
la grande [grɑ̃d] maison	les grandes [grɑ̃d] maisons
la jolie [ʒɔli] cravate	les jolies [ʒɔli] cravates

Achte also beim Schreiben darauf, ob sich das Adjektiv auf ein Nomen im **Singular** oder im **Plural** bezieht.

Ausnahmen:
Wenn ein Adjektiv im Singular auf **-s** endet, wird im Plural **kein** zweites -s angehängt:

un élève anglais	des élèves anglais

Die in der Umgangssprache verwendeten Adjektive «**super**», «**extra**» und «**sympa**» haben keine Pluralform:

des garçons super/sympa	des filles super/sympa

2.3 Das attributive und das prädikative Adjektiv

Mache dir erst klar, was man unter „attributiv" und „prädikativ" versteht:

attributiv:	Les Leblanc ont une **grande** maison. Die Leblancs haben ein **großes** Haus.
prädikativ:	La maison des Leblanc **est grande**. Das Haus der Leblancs **ist groß**.

Das **attributive** Adjektiv steht unmittelbar **vor** dem Nomen.
Das **prädikative** Adjektiv ist mit dem Nomen durch das Verb «**être**» verbunden.

Vergleichen wir die Formen des attributiven und prädikativen Adjektivs im Deutschen und im Französischen:

attributiv:	*Sie kauft rote Äpfel.*	*Elle achète des pommes rouges.*
prädikativ:	*Die Äpfel sind rot.*	*Les pommes sont rouges.*

Im Französischen werden – abweichend vom Deutschen – ***auch*** *die prädikativen Adjektive an das Nomen angeglichen.*

Il lit des romans intéressants.	Er liest interessante Romane.
Les romans sont intéressants.	Die Romane sind interessant.
Elle pose une question importante.	Sie stellt eine wichtige Frage.
La question est importante.	Die Frage ist wichtig.

2.4 Die Stellung des Adjektivs

Wie du schon an den bisherigen Beispielsätzen sehen konntest, stehen die Adjektive – auch hier abweichend vom Deutschen – fast immer **nach** dem Nomen, auf das sie sich beziehen.

Les Duclerc ont une voiture **française**.
Die Duclercs haben ein **französisches** Auto.

__Vorangestellt__ werden folgende Adjektive:

bon, bonne *(gut)*	*Luc a une bonne note en allemand.*
mauvais, mauvaise *(schlecht)*	*C'est une mauvaise route.*
grand, grande *(groß)*	*Ils habitent dans une grande maison.*
petit, petite *(klein)*	*Beaumont est une petite ville.*
joli, jolie *(hübsch)*	*Nadine est une jolie fille.*
cher, chère *(lieb)*	*Chère amie, merci pour ta lettre.*

Ebenso werden die **Ordinalzahlen** vorangestellt:

le premier, la première (der/die/das erste)	Prenez la première rue à droite.
le deuxième, la deuxième (der/die/das zweite)	Leur appartement est au deuxième étage.

Wenn du Adjektive beim Schreiben verwendest, musst du auf die __nicht hörbaren__ Endungen achten:

das -__s__ beim Plural: des livres intéressants [ɛ̃teresɑ̃],
das -__e__ bei weiblichen Adjektiven, die auf einen Vokal enden (vrai – vraie): une histoire vraie [vrɛ] (eine wahre Geschichte).

Auch __prädikativ__ verwendete Adjektive werden an das Nomen angeglichen:

«e» bei weiblichen Nomen: La maison est grand__e__.
«s» im Plural: Les meubles sont moderne__s__.
«es» bei weiblichen Nomen im Plural: Les rues sont petit__es__.

Wortschatz

Präge dir die folgenden häufig vorkommenden Adjektive ein.

Adjektive, die in der männlichen und weiblichen Form auf **-e** enden:

drôle	komisch	**fantastique**	fantastisch
simple	einfach	**difficile**	schwierig
bête	dumm	**magnifique**	herrlich, großartig

Adjektive, die mit dem **Vokal -i** enden:

joli, jolie	hübsch	**gai, gaie**	lustig
vrai, vraie	wahr		

Adjektive, die mit einem **Konsonanten** enden:

grand, grande	groß
petit, petite	klein
intéressant, intéressante	interessant
amusant, amusante	lustig
important, importante	wichtig
intelligent, intelligente	intelligent
mauvais, mauvaise	schlecht
allemand, allemande	deutsch
français, française	französisch
anglais, anglaise	englisch

Unregelmäßige Adjektive:

bon, bonne	gut	**cher, chère**	lieb

Unveränderliche Adjektive:

extra	toll	**sympa**	sympathisch
super	super		

Länderadjektive, die bei Sachen und Personen stehen, werden ***klein*** *geschrieben:*

un livre ***f****rançais* — *un élève* ***a****llemand*

Bezeichnungen für Völker und Volksgruppen sowie deren Angehörige werden ***groß*** *geschrieben:*

les ***F****rançais* — *un* ***F****rançais*
les ***B****asques* — *un* ***B****asque*
les ***A****nglaises* — *une* ***A****nglaise*

Rechtschreibung

Du machst weniger Fehler beim Setzen von Akzenten, wenn du dir einprägst, dass der Vokal «**e**» (wie in «le thé») ohne Akzent (accent aigu) geschrieben wird, wenn darauf **zwei gleiche Konsonanten** folgen:

le d**e**ssin (die Zeichnung),
aber: le d**é**sordre (die Unordnung).

Vergleiche «**é**» und «**e**»:
int**é**r**e**ssant.

Ebenfalls kein Akzent steht auf dem «e» der Vorsilbe «**ex**...»:
un exercice, une excursion, expliquer, extra.

A 1 Ergänze das Adjektiv, welches das Gegenteil ausdrückt:

1. Est-ce qu'ils ont une grande voiture? – Non, leur voiture est ______________.
2. La question est difficile? – Non, elle est ___________.
3. Est-ce que c'est une fille bête? – Non, c'est une fille _____________.
4. La soupe est mauvaise? – Non, elle est ____________.

A 2

1. Ergänze Adjektive aus dem Wortschatz. Schreibe auf die Zeilen, was sie im Deutschen bedeuten.

		ô		
		ê		

							i	q	u	e
							i	q	u	e

__________; __________; __________________; __________________

2. Welches Adjektiv passt zur Endung? Schreibe es auf die Zeile.

amus-
import-
intellig-
intéress-
} ent __________________

3. Welches Adjektiv passt zu welchem Bild? Schreibe es darunter.

C'est une __________ maison.

C'est un examen ____________.

C'est un garçon __________.

A 3

Ergänze falls nötig:
les programmes amusant__ – une histoire vrai__ – un grand__ parc – trois bon__ copains – des questions important__

A 4

Welches der folgenden Adjektive passt in die Lücke? Achte auf die Endungen der Adjektive.

amusant – jolies – française – allemands

1. Les élèves ______________ partent en autobus.

2. Tes photos sont ______________.

3. Pierre lit un livre ______________.

4. Les Schmidt ont une voiture ______________, une Peugeot.

A 5 Ergänze:

1. (französisch, schwierig): Est-ce que la langue ________________

est ______________?

2. (lustig, wahr): C'est une histoire ____________, mais est-ce qu'elle est

______________?

3. (groß, klein): Est-ce qu'Orléans est une ____________ ou

une ____________ ville?

A 6 In welche Lücke gehört das Adjektiv? Ergänze es an der richtigen Stelle.

1. cinquième: Mai est le ____________ mois ____________ de l'année.

2. mauvais: Il y a un ____________ film ____________ à la télévision.

3. magnifique: Dans le sud de la France, il fait souvent un ____________

temps ________________.

4. petit, intéressant: Voilà un ____________ livre ____________ pour

ton anniversaire. C'est un ______________ livre ______________.

5. difficile, simple: A cette ____________ question ______________,

il y a une ____________ réponse ___________.

6. sympa: Monique est une ________ fille ________.

A 7 Übersetze. (Versuche es zunächst ohne die Vorgaben.)

1. Meine liebe Nadine, vielen Dank für deinen Brief.

   Ma ________ Nadine, ________ beaucoup pour ta ________.

2. Das Comic-Heft „Asterix bei den Schweizern“ ist sehr unterhaltsam, aber schwierig zu lesen.

   La BD «Astérix chez les Suisses» ______ _______ ______________,

   mais _______________ à lire.

3. Chantal ist eine gute Freundin, sie ist immer lustig.

   Chantal ______ ______ ________ copine/amie, elle est toujours

   ________.

4. Es gibt vielleicht intelligente Hunde, aber unser „Médor“ ist ziemlich blöd.

   Il y a peut-être des chiens _________________, mais notre «Médor»

   est assez __________.

A 8 Rechtschreibung: Wo fehlt ein Akzent? Schreibe das betreffende Wort richtig auf ein Blatt.

intelligent ___________, interessant ____________

un etage ____________, le professeur _____________

nous repetons _________________

une terrasse ___________, la difference ___________

le numero ___________, la television ____________

le tennis ____________, le theâtre ______________

Kapitel 3

Die unregelmäßigen Formen des Adjektivs, Steigerung und Vergleich

Dieses Kapitel befasst sich mit den unregelmäßigen Formen des Adjektivs, seiner Steigerung und dem Vergleich innerhalb von Sätzen. Alles, was du zur Angleichung von Geschlecht (Maskulinum bzw. Femininum) und Zahl (Singular bzw. Plural) des Adjektivs an das Nomen wissen musst, hast du im letzten Kapitel gelernt. Schau es dir noch einmal an, wenn du dich unsicher fühlst.

Grammatik

3.1 Unregelmäßige Formen des Adjektivs

Eine Reihe von Adjektiven verändert sich am Wortende, wenn ein **-e** für die weibliche Form angehängt wird:

Le gâteau est bon. [bɔ̃]	Der Kuchen ist gut.
La glace est bonne. [bɔn]	Das Eis ist gut.

Beachte:
Die **Aussprache** verändert sich. Der Nasal [ɔ̃] wird in der weiblichen Form zu [ɔn]. Man nennt dies eine Entnasalierung.

Die **Endungen** der Adjektive ändern sich in der weiblichen Form wie folgt:

-n + e → -nne

bon	bonne	gut
mignon	mignonne	nett, lieb
européen	européenne	europäisch
italien	italienne	italienisch
autrichien	autrichienne	österreichisch

Ausnahmen: Das -n wird nicht verdoppelt bei:

brun	brune	braun (Haare, Haut)
américain	américaine	amerikanisch
plein	pleine	voll

-x + e → -se

sérieux	sérieuse	ernst
dangereux	dangereuse	gefährlich
heureux	heureuse	glücklich
ennuyeux	ennuyeuse	ärgerlich
amoureux	amoureuse	verliebt

Ausnahme: faux – fausse (falsch)

-er + e → -ère

premier	première	erster, -e, -es
dernier	dernière	letzter, -e, -es
léger	légère	leicht

Ausnahme: mon cher [ʃɛr] ami – ma chère [ʃɛr] amie
Die männliche und weibliche Form wird gleich ausgesprochen, aber verschieden geschrieben. (Man nennt solche Wörter Homophone.)

-f + e → -ve

sportif	sportive	sportlich
agressif	agressive	aggressiv
naïf	naïve	naiv

Sonderfälle

gentil [ʒɑ̃ti]	gentille [ʒɑ̃tij]	nett, freundlich
fou	folle	verrückt
long	longue	lang
inquiet	inquiète	beunruhigt
muet	muette	stumm
blanc	blanche	weiß
frais	fraîche	frisch (beachte -**i**- und -**î**-)

beau – nouveau – vieux

Diese drei Adjektive haben im **Singular** drei Formen: zwei für männlich, wobei die eine sich danach richtet, ob das folgende Nomen mit einem **Vokal** oder einem **stummen «h»** beginnt, und eine dritte Form für weiblich:

	beau			bel			belle	
un	nouveau	pantalon	un	nouvel	anorak	une	nouvelle	cravate
	vieux			vieil			vieille	

*In **prädikativer** Stellung werden «bel», «nouvel» und «vieil» **nicht** verwendet:*

L'anorak est beau / nouveau / vieux.

Im **Plural** haben diese Adjektive nur **zwei** Formen, nämlich eine für männlich und eine für weiblich.

	beaux			belles	
les	nouveaux	pantalons anoraks	les	nouvelles	cravates
	vieux			vieilles	

Geschlecht und Zahl des Adjektivs werden an das Nomen angeglichen. Wenn ein Adjektiv allerdings ein männliches ***und*** *ein weibliches Beziehungswort hat, richtet sich die Endung nach dem* ***männlichen****. Das gilt selbst dann, wenn vielen weiblichen Personen oder Dingen nur ein einziges männliches Wesen/Ding gegenübersteht!*

Vergleiche: *Vous êtes inquiet (= beunruhigt), monsieur?*
Vous êtes inquiète, madame?

Aber: *Vous êtes inquiet**s**, mesdames et messieurs?*

Ebenso: *Le bâtiment et la tour sont grand**s**.*
*Les 999 filles et le garçon sont naï**fs**.*

3.2 Steigerung der Adjektive

Bisher kennst du die Grundform – den Positiv – verschiedenster Adjektive und weißt, dass sie in Geschlecht und Zahl an das dazugehörige Nomen angeglichen werden. Das gilt auch für die **gesteigerten** Formen, die mit «**plus**» im Komparativ und «**le plus**»/«**la plus**» im Superlativ gebildet werden:

Positiv	grand/grande	groß
Komparativ	**plus** grand/grande	größer/e
Superlativ	**le plus** grand/**la plus** grande	der größte/die größte

Vienne (Wien) est une **grande** capitale (Hauptstadt) européenne.
Paris, la capitale française, est **plus grande.**
Londres (London) est **la plus grande capitale** européenne.
Oder: Londres, c'est la capitale européenne **la plus grande.**

In einem Reiseführer kann man an der Anzahl der Sternchen erkennen, wie sehenswert ein Baudenkmal (un monument) ist, z. B. le Grand Palais*, la Grande Arche**, Le Louvre***.
Diese Informationen kann man folgendermaßen ausformulieren:

Le Grand Palais est **intéressant,** mais la Grande Arche est **plus intéressante.** Le Louvre est le monument **le plus intéressant.**

Da auch der Eiffelturm drei Sternchen hat (la tour Eiffel***), kann man über ihn und den Louvre sagen:

Le Louvre et la tour Eiffel sont les monuments **les plus** intéressants.

Ausnahme: bon/bonne
Der Komparativ von «bon» (gut) lautet meist «**meilleur**»/«**meilleure**» [mɛjœr] (besser), der Superlativ «**le meilleur**»/«**la meilleure**» (der/die beste).

Diese drei Hotels (Hôtel de Cluny***, Hôtel de Notre-Dame**** und Hôtel Costes*****) kann man wie folgt beschreiben:

L'Hôtel de Cluny est un **bon** hôtel.
L'Hôtel de Notre-Dame est **meilleur que** (besser als) l'Hôtel de Cluny.
Le meilleur hôtel s'appelle Hôtel Costes.

L'Hôtel de Cluny, c'est une **bonne** adresse.
L'Hôtel de Notre-Dame, c'est une **meilleure** adresse que l'Hôtel de Cluny.
Le dernier hôtel, l'Hôtel Costes, c'est **la meilleure** adresse.

3.3 Der Vergleich im Satz

In Vergleichen können Personen oder Dinge besser, schlechter oder genauso gut abschneiden wie andere. Deshalb wird vor die Adjektive außer «**plus**» (mehr) auch «**moins**» (weniger) oder «**aussi** … **que**» (ebenso … wie) gesetzt:

	grave	ein schlimmes Verbrechen
un crime	plus grave	ein schlimmeres Verbrechen
	moins grave	ein weniger schlimmes Verbrechen

3 Die unregelmäßigen Formen des Adjektivs

un crime	aussi grave qu'un autre	ein ebenso schlimmes Verbrechen wie ein anderes
le crime	le plus grave	das schlimmste Verbrechen

Eine Ausnahme bildet das Adjektiv **bon/bonne.** Um auszudrücken, dass etwas besser als etwas anderes ist, musst du «**meilleur que**» verwenden. «plus bon que» ist falsch.

Nehmen wir drei Nachspeisen: la salade de fruits* (Obstsalat), la mousse au chocolat** (Schokoladencreme), la tarte aux pommes** (Apfelkuchen). Über diese kann man aussagen:

La mousse au chocolat et la tarte aux pommes sont **meilleures que** (besser als) la salade de fruits.
La salade de fruits est **moins bonne que** (weniger gut, schlechter als) la mousse au chocolat.
La mousse au chocolat est **aussi bonne que** (ebenso gut wie) la tarte aux pommes.

A 1 Ergänze die fehlenden Adjektive.
Beispiel: Italie: italien – italienne

1. amour: ________________ – ________________
2. sport: ________________ – ________________
3. danger: ________________ – ________________

A 2 Ergänze die passenden Adjektive aus 3.1 (Adjektive auf -n).

1. Nicole n'est pas blonde, elle est ____________.
2. Francfort est une ville en Europe, c'est une ville ________________.
3. Vienne (Wien) est la capitale ____________________.

4. La bouteille n'est pas vide, elle est à moitié ______________.
5. Michel est un garçon mignon, sa sœur est aussi ________________.
6. Jean a une copine ________________, elle vient de Los Angeles.

A 3 Ergänze das Adjektiv, welches das Gegenteil ausdrückt.

1. Cette réponse n'est pas correcte, elle est _____________.
2. Tu trouves que cette histoire est amusante? – Non, elle est ________ __________.
3. Est-ce que ta valise est lourde? – Non, elle est ________________.

A 4 Ergänze:

1. lang: Est-ce que la robe est trop ____________? – Non, elle n'est pas trop ____________.
2. freundlich: C'est une fille _____________? – Oui, elle est très ______________.
3. schön, weiß: Le jeune homme porte une ____________ chemise _____________.

Maintenant, la chemise n'est plus _________ et elle n'est plus __________ non plus.

3 Die unregelmäßigen Formen des Adjektivs

A 5 Ergänze mit den Formen von:

1. «nouveau»: Mon __________ ordinateur est fantastique. – Où sont mes _______________ chaussures? – Pierre a une ________________ copine. – Les ______________ appartements ont de grands balcons.
2. «beau»: Les _________ bâtiments sont au centre ville. – Cette ville me plaît beaucoup, elle est très __________. – Le cheval est un _________ animal. Beaucoup de touristes visitent ces __________ églises.
3. «vieux»: Les Leclerc habitent un _________ immeuble. – Est-ce que tu rencontres souvent tes _________ amis? – Pierre a une collection de _________ cartes postales. – Dans ce cinéma, on joue de _________ films.

A 6 Übersetze (auf einem Extrablatt).

1. Ist das ein neues Hotel? – Nein, es ist alt.
2. Vor dem Haus steht ein alter Baum, er ist schon sehr alt.
3. Die alte Dame hat eine schöne Wohnung.

A 7 Welches Wort passt in die Lücke?

1. J'ai très soif. – Qu'est-ce que tu veux boire? – De l'eau _________, s'il te plaît.
2. Tu veux acheter cette grande voiture américaine? Mais c'est une idée _________, elle est beaucoup trop ___________.

A 8 Übersetze. (Versuche es zunächst ohne die Vorgaben.)

1. Das ist das letzte Mal, dass ich zu Monique gehe; sie ist immer so aggressiv.

   C'est la __________ fois que je _____ _______ Monique; elle est

   ____________ si ____________.

2. Nehmen Sie die erste Straße links nach der Verkehrsampel.

   Prenez la ___________ ____ à _________ après le feu ______.

3. Yvonne ist glücklich, weil sie wieder verliebt ist.

   Yvonne est ________, parce qu'elle est de nouveau __________.

A 9 Rechtschreibung: Ergänze mit den korrekten Formen von «cher».

1. Ma ________ Claudine, je te remercie de ta lettre.
2. Elle porte des chaussures __________.
3. Cet ordinateur est très ________.
4. Cette année, les légumes sont ________.

A 10 Vergleiche die Länge folgender Pariser Straßen mit «long»/«longue»: la rue Daguerre: 400 m; le boulevard Raspail: 1,5 km; l'avenue (fem.) des Champs-Elysées: 2,5 km.

1. La rue Daguerre est ___________________ le boulevard Raspail.
2. Le boulevard Raspail est _________________ la rue Daguerre.
3. L'avenue des Champs-Elysées est ________________ le boulevard Raspail et la rue Daguerre.
4. L'avenue des Champs-Elysées, c'est la rue ________________ (Superlativ!) des trois rues parisiennes.

Die unverbundenen Pronomen, die direkten und die indirekten Objektpronomen

Du kennst bereits die **Subjektpronomen** «je», «tu», «il»/«elle», «nous», «vous», «ils»/«elles».
Beispiel: Pierre arrive.
Pierre ist hier Subjekt. Pierre kann ersetzt werden durch das Subjektpronomen «il». Dann lautet der Satz: Il arrive.

In diesem Kapitel werden zwei weitere Arten von Pronomen vorgestellt: die **unverbundenen Pronomen** sowie die **direkten und indirekten Objektpronomen.**

Grammatik

4.1 Die unverbundenen Pronomen

Singular	Plural
Moi, je travaille. **Toi**, tu travailles. **Lui**, il travaille. **Elle**, elle travaille.	**Nous**, nous travaillons. **Vous**, vous travaillez. **Eux**, ils travaillent. **Elles**, elles travaillent.

Im Unterschied zu den Subjektpronomen «je», «tu», «il» usw. sind «moi», «toi», «lui», «elle», «nous», «vous», «eux», «elles» **nicht** unmittelbar mit dem Verb verbunden. Deshalb nennt man diese Pronomen „unverbunden".

Man verwendet sie auch, wenn sie **nach** dem Verb stehen.

Qui est là? – C'est moi.

In **vier** Fällen haben die unverbundenen Pronomen **andere Formen** als die verbundenen:

unverbunden	moi toi lui eux	verbunden	je tu il ils

«elle», «nous», «vous» und «elles» sind in beiden Fällen **identisch.**

*Die unverbundenen Pronomen werden zum einen verwendet, um die **Person** zu betonen:*

Moi, je travaille, mais toi, tu dors.

*Zum anderen stehen sie **nach Präpositionen** wie zum Beispiel «chez», «avec», «sans», «pour»:*

*Tu vas chez Pierre? – Oui, je vais **chez lui**.*
Est – ce que Chantal est partie sans toi?

Wortschatz

Präge dir folgende Wörter aus dem Wortfeld «le sport» (Sport) ein, bevor du mit den Übungen beginnst.

le football	der Fußball	le tennis	das Tennis
la natation	das Schwimmen	la boxe	das Boxen
le ski	das Skifahren	l'équitation (fem.)	der Reitsport
le skateboard	das Skateboardfahren		
la gymnastique	die Gymnastik		

Beachte:
Zwei der maskulinen Wörter bezeichnen sowohl die Sportart als auch das Sportgerät: le ski (der Ski), le skateboard (das Skateboard).

4 Unverbundene Pronomen, Objektpronomen

A 1 Schreibe die Sportarten neben die Bilder.

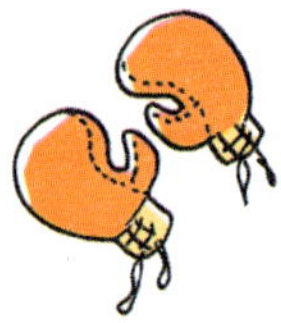

____

____

____

A 2 Betone die Personen, welche die Sportarten mögen bzw. nicht mögen.

1. ______, je n'aime pas la boxe. ________, vous aimez mieux le ski?
2. Robert joue au tennis. ______, il veut toujours gagner.
3. ______, tu préfères la natation à la gymnastique?
4. Les filles font de l'équitation, ________, elles aiment les chevaux.
5. Luc et Robert détestent la boxe. ______, ils préfèrent l'athlétisme.
6. Paul et Chantal font beaucoup de sport. ______, il joue au football, et ______, elle joue au tennis.

A 3 Wer ist es? Ergänze mit den passenden Pronomen.

1. Qui est là? – (Pierre et Claude) Ce sont _________.
2. Qui arrive? – (Mireille et Yvette) Ce sont _________.
3. Qui va à Paris? – (Marc et moi) Ce sont ________.
4. Qui fait de l'équitation? – (André) C'est ________.

A 4 Wem gehören die abgebildeten Sportartikel? Ergänze nach folgendem Muster:

Le ballon est à lui.

1. Les skis sont à ______.

2. Les slips de bains sont à ________.

3. La raquette est à _______.

A 5 Zu wem gehen sie? Ergänze mit den passenden Pronomen.

1. Tu vas chez Marc? – Oui, je vais chez _____.
2. Brigitte va chez Mireille et Natalie? – Oui, elle va chez _______.
3. Vous allez chez Luc et Robert? – Oui, nous allons chez _______.
4. Vous allez chez Mireille ce soir? – Oui, nous allons chez _______.

Grammatik

4.2 Die direkten und die indirekten Objektpronomen

Aus den Bezeichnungen für diese Pronomen geht hervor, dass sie **an Stelle direkter und indirekter Objekte stehen** können. Ob ein Objekt direkt oder indirekt ist, kannst du folgendermaßen erkennen:

Das **direkte Objekt** erkennst du daran, dass es die Antwort gibt auf die Frage „wen oder was?“.

Ich sehe den Jungen.	Frage: Wen oder was sehe ich?	Antwort: den Jungen = direktes Objekt

4 Unverbundene Pronomen, Objektpronomen

Je mange **une pomme**.
Nous regardons **les photos**.
Elle fait **les courses**.

Das **indirekte Objekt** erkennst du daran, dass es die Antwort gibt auf die Frage „wem?“.

Das Mädchen gefällt dem Jungen.	Frage: Wem gefällt das Mädchen?	Antwort: dem Jungen = indirektes Objekt

La ville plaît (gefällt) **aux touristes**.
La maman donne un sandwich **à sa fille**.
Le professeur explique le problème **aux élèves**.

Tipp!

*Wenn **vor** dem Objekt die Präposition «**à**» steht, handelt es sich (fast immer) um ein indirektes Objekt.*

*Verwechsle nicht: Michel va **à Paris**. «à Paris» ist kein Objekt, sondern eine Ortsangabe (Adverbiale).*

Die direkten und indirekten Objektpronomen im Überblick:

direkte Objektpronomen			**indirekte Objektpronomen**		
Pierre	me (mich) te (dich) **le** (ihn), **la** (sie) nous (uns) vous (euch) **les** (sie)	regarde.	Pierre	me (mir) te (dir) **lui** (ihm, ihr) nous (uns) vous (euch) **leur** (ihnen)	donne un euro.

Beachte: Im Deutschen stehen die direkten und indirekten Objektpronomen **nach** dem Verb, im Französischen **vor** dem Verb.

Die Objektpronomen «me», «te», «nous», «vous» können sowohl **direkte** als auch **indirekte Objekte** vertreten.

Il **me** regarde. (wen? – mich)	→	«me» ist direktes Objektpronomen
Il **me** donne un euro. (wem? – mir)	→	«me» ist indirektes Objektpronomen

Ebenso:

Il te/nous/vous regarde.	→	direktes Objektpronomen (dich/uns/euch)
Il te/nous/vous donne un euro.	→	indirektes Objektpronomen (dir/uns/euch)

Die Objektpronomen «le», «la», «les» vertreten **direkte Objekte:**

Est-ce qu'il mange	le sandwich?	Oui, il **le** mange.
	la pomme?	Oui, il **la** mange.
	les kiwis?	Oui, il **les** mange.

Beachte, dass die direkten Objektpronomen für die 3. Person Singular und Plural **identisch** sind mit den **bestimmten Artikeln.**

Die Objektpronomen «lui» (Singular) und «leur» (Plural) vertreten **indirekte Objekte**. Es gibt für maskuline und feminine indirekte Objekte nur je eine Form.

Est-ce qu'il donne un euro	à Pierre?	Oui, il **lui** donne ...
	à la fille?	Oui, il **lui** donne ...
	aux enfants?	Oui, il **leur** donne ...

*Bei den **unverbundenen** Pronomen (siehe S. 36 f.) gibt es für die 3. Person Singular und Plural **je eine** Form für männlich und weiblich:*

*Ce livre est à **lui**. – Ce cahier est à **elle**.*

*Bei den **indirekten** Objektpronomen gibt es für die 3. Person Singular **nur eine** Form:*

*Voilà **Brigitte**. Son père **lui** donne de l'argent.*
*Voilà **Luc**. Son père **lui** donne deux euros.*

Achte auf die Wiedergabe von „**ihr**“. Es kann zweierlei sein:

1. ein **indirektes Objektpronomen:**

Der Lehrer erklärt	**ihr** das Problem.
Le professeur	**lui** explique le problème.

2. der **Possessivbegleiter 3. Person Singular/Plural:**

Singular:	Siehst du	**ihr** Auto? (Brigittes Auto)
	Tu vois	**sa** voiture?
Plural:	Das ist	**ihr** Ball. (der Ball der Jungen)
	C’est	**leur** ballon.

Verwechsle nicht ***«leur»*** *und* ***«leurs»****!*

Das ***indirekte Objektpronomen*** *«leur» (ihnen) hat* ***nie*** *ein -s:*

Er gibt ihnen die Schlüssel. — *Il* ***leur*** *donne les clés.*

Der ***Possessivbegleiter*** *«leurs» bezeichnet die* ***Zugehörigkeit*** *(den Besitz) mehrerer Dinge zu mehreren Personen:*

Er bringt ihre Schlüssel. — *Il apporte* ***leurs*** *clés.*

Präge dir ein: Folgt auf «leur» eine **Verbform** (im obigen Beispiel «donne»), so wird es **nie** mit -s geschrieben.

Verwechsle nicht ***«la»****,* ***«l’as»****,* ***«l’a»*** *und* ***«là»****!*

«la» ist der ***weibliche bestimmte Artikel*** *(z. B. la maison).*

«l’as» und «l’a» sind die apostrophierten Formen der ***direkten Objektpronomen*** *«le» und «la» und der 2. und 3. Person Singular von* ***«avoir»*** *(z. B. Où est Martine? Tu l’as vue?, oder: Il l’a vue?).*

«là» ist ein ***Ortsadverb*** *und bedeutet «dort».*

4.3 Die Verneinung von Verben mit vorausgehendem Objektpronomen

Bei der **Verneinung** umschließt «**ne** … **pas**» die Objektpronomen und das Verb.

Tu le vois?	Non, je **ne** le vois **pas**.
Vous les achetez?	Non, nous **ne** les achetons **pas**.
Brigitte lui plaît?	Non, elle **ne** lui plaît **pas**.
Tu leur donnes des cigarettes?	Non, je **ne** leur donne **pas** de cigarettes.

Wortschatz

Präge dir folgende Wörter aus dem Wortfeld «nourriture» (Nahrungsmittel/Essen) ein, bevor du mit den Übungen beginnst:

le poisson	der Fisch	la viande	das Fleisch
le fromage	der Käse	la salade	der Salat
le pain	das Brot	la choucroute	das Sauerkraut
le yaourt	der Joghurt	la saucisse	die Wurst
le jambon	der Schinken	la baguette	das Stangen(weiß)brot

A 6 Übung zum Wortfeld: Schreibe die Wörter mit dem Artikel auf die Zeilen.

1. Welche Lebensmittel macht man aus Milch? ________________, ________________
2. Dieses Tier unterscheidet sich nur durch einen Buchstaben und den Artikel von «la boisson» (das Getränk): ____________
3. In diesem Nahrungsmittel steckt das Adjektiv «bon»: ____________
4. Dieses Nahrungsmittel reimt sich auf «vin»: ___________
5. Für die Franzosen ist dies ein typisch deutsches Gericht: _________

4 Unverbundene Pronomen, Objektpronomen

A 7 Fülle die Kästchen mit dem bestimmten Artikel aus:

A 8 Setze das direkte Objektpronomen ein.

1. Tu aimes les frites? – Oui, je ______ aime.
2. Tu préfères le poisson? – Oui, je _____ préfère.
3. Tu manges la saucisse? – Oui, je _____ mange.

A 9 Setze das indirekte Objektpronomen ein.

1. Est-ce que la photo plaît aux parents? – Oui, la photo _____ plaît.
2. Est-ce que tu donnes du poisson à Stéphanie? – Oui, je _____ donne du poisson.
3. Tu passes la salade à tes copains? – Oui, je _____ passe la salade.
4. Tu donnes ta viande à René? – Oui, je _____ donne ma viande.

A 10 Im Restaurant. Ergänze die Sätze mit den passenden direkten oder indirekten Objektpronomen.

1. Est-ce que le restaurant plaît à tes parents? – Oui, il _______ plaît.
2. Où est la carte? Est-ce que le garçon _____ apporte?
3. Le garçon apporte la carte à M. et Mme Duclos. Il ______ donne la carte.
4. Tu prends le menu à 10 euros? Non, je ne ______ prends pas.
5. Elle aime la soupe de poisson, elle _____ mange souvent.
6. Le garçon apporte un verre à Mireille. Il ______ donne le verre.
7. Chantal aime les frites, elle _____ mange de bon appétit.
8. Tu trouves que le fromage est bon? – Non, je ne ____ trouve pas bon.
9. Est-ce que le dessert plaît aux Duclos? – Oui, il ______ plaît.

A 11 Gib verneinte Antworten; ersetze dabei die Objekte durch Objektpronomen.

1. Tu donnes ton livre à ton copain? – Non, je ________________ mon livre.
2. Vous avez les serviettes? – Non, nous ______________________.
3. Le restaurant plaît aux Duclos? – Non, il ______________________.
4. Tu achètes ce poisson? – Non, je __________________.
5. Tu veux mon dessert? – Non, je __________________.
6. Elle montre son album à René? – Non, elle ____________________ son album.

4 Unverbundene Pronomen, Objektpronomen

A 12 Übersetzung: Versuche zunächst, so viel du kannst selbstständig zu übersetzen (auf einem Extrablatt). Nimm erst dann die Vorgaben zu Hilfe.

1. Wir zeigen ihnen die Sehenswürdigkeiten der Stadt.

Nous _____ montrons les curiosités ____ ____ _______.

2. Gebt ihr etwas zu essen.

Donnez-______ quelque chose à ________________.

3. Mmh! Eis, das mag ich sehr gerne.

Mmh! La glace, je ___ ________ beaucoup.

4. Wo ist mein Schlüssel? Ich finde ihn nicht.

_____ ______ ma clé? Je ___ ____ _________ ______.

5. Mögt ihr diesen Schinken? – Nein, wir mögen ihn nicht.

Est-ce que vous ________ ce ___________? – Non, _____ ____

___ _____________ ____.

A 13 Setze la, l'as, l'a, là ein:

1. _____ maison des Leclerc est ____-bas.

2. Où est Pierre? Tu _______ vu?

3. La tarte? Elle ______ mangée.

Kapitel 5

Die Relativpronomen und das indefinite Pronomen «tout»

5.1 Die Relativpronomen «qui» und «que»

Grammatik

Mit den Relativpronomen «**qui**» und «**que**» kannst du zwei aufeinander folgende Sätze verbinden, die ein gemeinsames Nomen bzw. Pronomen haben:

Jeanette va voir son **oncle**. **Il** habite à Lyon.

Jeanette va voir son oncle **qui** habite à Lyon.

Elle a un **cadeau** pour lui. Ce **cadeau** est un roman policier.

Le cadeau **qu'**elle a pour lui est un roman policier.

Das Relativpronomen «**qui**» leitet einen Nebensatz ein, der das **Subjekt** des Hauptsatzes näher bestimmt:

Le garçon (= Subjekt) **qui** porte un anorak rouge (= nähere Bestimmung des Subjektes) est mon copain.

Du verwendest «**qui**» dann, wenn du die Frage „wer oder was?“ stellen kannst.

Frage: **Wer oder was** trägt einen roten Anorak?
Qui porte un anorak rouge?
Antwort: Der Junge, der einen roten Anorak trägt, ist mein Freund.
Le garçon **qui** porte un anorak rouge est mon copain.

«**qui**» kann sich auf maskuline und feminine Nomen im Singular und Plural beziehen:

Le monsieur La dame	qui	arrive vient de Strasbourg.
Les messieurs Les dames	qui	arrivent viennent de Strasbourg.

*«**qui**» wird **nie** apostrophiert: «… qui arrive.»*
*Präge dir ein: **«tu» und «qui» – apostrophier nie!***

Das Relativpronomen «**que**» leitet einen Nebensatz ein, der das **direkte Objekt** des Hauptsatzes näher bestimmt:

Le garçon porte un **anorak rouge** (= direktes Objekt) **qu**'il a acheté dans un magasin cher (= nähere Bestimmung des direkten Objektes).

Du verwendest «**que**» dann, wenn du die Frage „wen oder was?“ stellen kannst.

Frage:	**Wen oder was** trägt der Junge?
	Que porte le garçon?
Antwort:	… den roten Anorak, den er in einem teuren Geschäft gekauft hat.
	… l'anorak rouge **qu**'il a acheté dans un magasin cher.

«**que**» kann sich wie «qui» auf maskuline und feminine Nomen im Singular und Plural beziehen:

Le pantalon	que	Pierre a acheté coûte cher.
La cravate		Pierre a achetée coûte cher.
Les pantalons	que	M. Leclerc a achetés coûtent cher.
Les cravates		M. Leclerc a achetées coûtent cher.

*Wenn auf **«que»** ein **passé composé** folgt, vergiss nicht das «participe passé» an das direkte Objekt anzugleichen:*

Le melon	*qu'il*	*a mang**é** était bon.*
La banane	*qu'il*	*a mang**ée** était bonne.*
Les melons	*qu'il*	*a mang**és** étaient bons.*
Les bananes	*qu'il*	*a mang**ées** étaient bonnes.*

*Um «**qui**» und «**que**» nicht zu verwechseln, präge dir ein:*

*Auf «**qui**» folgt häufig ein **Verb**:*
*Le garçon **qui + arrive** … (est en retard).*
*L'homme **qui + travaille** … (est fatigué).*
*La dame **qui + téléphone** … (parle espagnol).*

*Auf «**que**» folgt häufig ein **Nomen** oder **Pronomen**:*
*Le garçon **que + Pierre** connaît … (est Anglais).*
*L'homme **que + vous** voyez … (travaille chez Renault).*
*La dame **que + les touristes** attendent … (est leur guide).*

Wortschatz

Präge dir die Wörterliste zum Wortfeld «le tourisme» (Tourismus) ein, bevor du die Aufgaben bearbeitest.

la saison touristique	die Tourismussaison
un étranger	ein Ausländer
une étrangère	eine Ausländerin
la cathédrale	die Kathedrale
le (!) musée	das Museum
le bateau	das Boot
une rivière	ein (kleiner) Fluss
pittoresque	malerisch
étroit, -e	eng
se bousculer	sich drängeln
attirer	anziehen, anlocken

5 Die Relativpronomen und das indefinite Pronomen «tout»

*Nomen mit der Endung **-ée** sind fast immer **feminin**.*

une entrée	*ein Eingang*	*l'arrivée*	*die Ankunft*
la rentrée	*die Rückkehr, der Schulanfang*	*une cuillerée (de sucre)*	*ein Löffel (Zucker)*

Beachte zwei Ausnahmen:

le musée	*das Museum*
le lycée	*das Gymnasium*

A 1 Ergänze die passenden Wortstämme zu den Endungen.

________esque – ________ique – ________ère – ________ère

A 2

1. Welche Wörter kennst du noch, die auf «-eau» wie «bateau» enden? Schreibe sie mit dem bestimmten Artikel im Singular und im Plural auf.
2. Welche Wörter kennst du noch, die auf «-ée» wie «musée» enden? Schreibe sie mit dem unbestimmten Artikel auf.

A 3 Setze «qui» oder «que» ein:

Strasbourg, _____ est située sur le Rhin, est une belle ville ____ attire beaucoup de touristes. Il y a la cathédrale ____ tous les touristes visitent et un vieux quartier ____ est très pittoresque. Pendant la saison touristique, on peut y voir beaucoup d'étrangers ____ se bousculent dans les rues étroites. Ils achètent des souvenirs ____ les magasins offrent en grand nombre. Les musées ____ les touristes visitent ont de beaux tableaux et de belles statues. L'Ill est la rivière ____ les touristes aiment: on peut y faire un tour en bateau. C'est une ville ____ j'aime.

A 4 Verbinde die zwei Sätze mit «qui» oder «que».

1. L'étrangère arrive. Elle cherche un guide. (2 Lösungen)
2. La cathédrale est au centre-ville. Elle s'appelle Saint Martin. (2 Lösungen)
3. Le restaurant se trouve dans le vieux quartier. Vous cherchez le restaurant. (1 Lösung)

A 5 Ergänze die Sätze. Verwende das passé composé.

1. La carte postale ____ Luc (écrire) ___ ________ montre une belle église.
2. Le touriste a acheté les souvenirs ____ le vendeur lui (montrer) ___ __________.
3. Le guide ____ nous (montrer) ___ _________ le musée parlait bien l'allemand.

Grammatik

5.2 Die Hervorhebung von Satzteilen mit «c'est ... qui» und «c'est ... que»

*Satzteile, die besonders betont werden sollen, können mit **«c'est ... qui»** und **«c'est ... que»** hervorgehoben werden.*

*Das **Subjekt** wird mit **«c'est ... qui»** hervorgehoben:*
***C'est Nadine qui** est allée à la gare.*

*Alle übrigen Satzteile werden mit **«c'est ... que»** hervorgehoben.*

Au mois d'août, ils vont au bord de la mer en voiture.

Hervorhebung der **Zeit:**
C'est au mois d'août **qu'ils** vont au bord de la mer en voiture.

Hervorhebung des **Ortes:**
C'est au bord de la mer **qu'ils** vont au mois d'août en voiture.

Hervorhebung der **Art und Weise:**
C'est en voiture **qu'ils** vont au bord de la mer au mois d'août.

A 6 Betone die unterstrichenen Satzteile.

Nadine et Colette vont fêter leur 14^{e} anniversaire vendredi prochain au club des jeunes.

Grammatik

5.3 Das indefinite Pronomen «tout»

Die Formen und Bedeutungen von «**tout**»:

Singular	Maskulinum	**tout** le mois	der **ganze** Monat
	Femininum	**toute** la semaine	die **ganze** Woche
Plural	Maskulinum	**tous** les mois	**alle** Monate
	Femininum	**toutes** les semaines	**alle** Wochen

Beachte die Form von «tout» im Plural Maskulinum: ***tous****.*

«**tout**» kann auch stehen:

– vor den **Demonstrativpronomen** «ce», «cet», «cette», «ces»:

tout cet argent	das ganze Geld
toutes ces copines	alle diese Freundinnen

– vor dem **Possessivpronomen** «mon», «ma», «mes», «ton», «ta», «tes» usw.:

tout mon argent	mein ganzes Geld
toutes mes copines	alle meine Freundinnen

*Beachte die feste Wendung **«tout le monde»** (jeder, alle):*
Tout le monde connaît ce film.

A 7 Ergänze die Sätze mit den Formen von «tout» (mit Artikel falls nötig).

1. Pierre est au magasin, il veut acheter des vêtements.

Il essaie deux anoraks, mais ________ ____ anoraks sont trop petits. Il essaie trois chemises, mais ________ ____ chemises sont trop grandes. _____ est ou bien trop grand ou bien trop petit.

2. Comment ils passent leur temps.

Pierre a préparé son examen pendant ______ ___ semaine.

Nadine a regardé la télé pendant ______ ___ soirée.

Papa a travaillé dans le jardin ______ ____ jours.

A 8 Übersetze (auf einem Extrablatt).

1. Wer hat meinen ganzen Kuchen gegessen?
2. Wer hat alle diese Getränke gekauft?
3. Ich habe nicht alle diese Arbeiten gemacht.
4. Hast du alle diese Bücher gelesen?
5. Alle kennen / Jeder kennt diese Rockgruppe.

5 Die Relativpronomen und das indefinite Pronomen «tout»

A 9 Rechtschreibung: Die Angleichung des «participe passé» in Relativsätzen mit «que». Ergänze die Endungen falls nötig.

1. Où sont les bouteilles que j'ai acheté___?

Où sont les fruits que j'ai acheté___?

2. La cravate que Luc a porté___ était élégante.

Le costume que Luc a porté___ était élégant.

Le tailleur que Mme Dupont a porté___ était élégant.

Kapitel 6

Die Pronomen «en» und «y»

Grammatik

6.1 «en» und «y»

Wie du bereits weißt, ersetzen **Pronomen** Satzteile, die ein **Nomen** enthalten.

Comment s'appelle **cette fille**?	**Elle** s'appelle Chantal.
Jean a un ordinateur.	**Son** ordinateur est nouveau.

Auch «**en**» und «**y**» können Satzteile ersetzen:

«**en**» kann für Satzteile stehen, die mit «**de**» eingeleitet werden:

Il achète **de la salade**?	Oui, il **en** achète.
de →	**en**

«**y**» kann für **Ortsbezeichnungen** stehen, die mit «à», «dans», «sur», «sous» usw. eingeleitet werden:

Tu vas **à la poste**?	Oui, j'y vais.
à, **dans**, **sur**, **sous** usw. →	**y**

6.2 Satzteile, die mit «de» eingeleitet werden und mit «en» vertreten werden können

Ortsbezeichnungen, die auf Verben mit «de» folgen:

venir de (kommen aus)	Pierre **vient de** Paris?	Oui, Pierre **en** vient.
rentrer de (zurückkehren aus)	Elle **rentre de** Reims?	Oui, elle **en** rentre.
sortir de (herausgehen, ausgehen)	Odile **sort de** la maison?	Oui, elle **en** sort.

6 Die Pronomen «en» und «y»

Satzteile, die mit dem **Teilungsartikel** und dem **unbestimmten Artikel Plural** eingeleitet werden.

Die Teilungsartikel sind «de», «du» (= de + le), «de la» und «de l'». Der unbestimmte Artikel Plural lautet «des» (= de + les).

Tu achètes **du** vin?	Oui, j'**en** achète.
Tu veux **de la** glace?	Oui, j'**en** veux.
Tu as **des** oranges?	Oui, j'**en** ai.

Beachte: «en» vertritt **nur** «de» und das nachfolgende Nomen.

Tu as beaucoup **de vin?**	Oui, j'**en** ai beaucoup.
Tu prends un peu **de sel?**	Oui, j'**en** prends un peu.
Il faut 100 grammes **de sucre?**	Oui, il **en** faut 100 grammes.

Achte auf den Unterschied!

*Tu manges **la glace?** – Oui, je **la** mange.*

*Ein direktes Objekt (la glace) ersetzt man durch ein **direktes Objektpronomen** («la»).*

*Tu manges **de la glace?** – Oui, j'**en** mange.*

*Eine unbestimmte Menge (oder Anzahl) ersetzt man durch das **Pronomen «en»**.*

*Im Deutschen verwendet man nur selten ein Wort, das «**en**» entspricht, deshalb vergisst man es leicht im Französischen:*

Hast du Münzen? Ja, ich habe drei (davon).
*Tu as des pièces de monnaie? Oui, j'**en** ai trois.*

*Hier ist Geld, nimm (davon)! – Voilà de l'argent, prends-**en**.*

6.3 Die Stellung von «en»

«**en**» steht im Satz an der gleichen Stelle wie die **Objektpronomen** «me», «te», «le»/«la», «lui» usw.:

– in **bejahten Aussagesätzen:** (Je **le** prends.) J'**en** prends.	→ vor dem Verb
– in **verneinten Aussagesätzen:** (Je ne **le** prends pas.) Je n'**en** prends pas.	→ zwischen ne und pas und vor dem Verb
– im **passé composé:** (Je **l'**ai pris.) J'**en** ai pris. (Je ne **l'**ai pas pris.) Je n'**en** ai pas pris.	→ vor dem Hilfsverb
– in Sätzen mit einem **Infinitiv:** (Je vais **le** prendre.) Je vais **en** prendre. (Je ne vais pas **le** prendre.) Je ne vais pas **en** prendre.	→ vor dem Infinitiv
– im **bejahten Imperativ:** (Prends-**le!**) Prends-**en!**	→ mit Bindestrich nach dem Verb
– im **verneinten Imperativ:** (Ne **le** prends pas!) N'**en** prends pas!	→ vor dem Verb

Beachte: Beim **bejahten Imperativ** muss zwischen Verb und «en» ein **Bindestrich** stehen; er entfällt beim verneinten Imperativ.

*Wenn das Pronomen «en» einem **Partizip** vorausgeht, wird dieses **nicht** in Geschlecht und Zahl angeglichen:*

*Vous avez acheté des pommes? Oui, nous **en** avons acheté.*

*Die Endung bei einem **vorausgehenden Objektpronomen** wird hingegen angeglichen:*

*Vous avez acheté les pommes? Oui, nous **les** avons achet**ées**.*

6 Die Pronomen «en» und «y»

Wortschatz

Präge dir die Wörter zum Wortfeld «les aliments et les boissons» (Nahrungsmittel und Getränke) ein, bevor du die Aufgaben bearbeitest.

le rôti	der Braten	la viande	das Fleisch
le jambon	der Schinken	la saucisse	die Wurst
le pain	das Brot	la (!) salade	der (!) Salat
le café au lait	der Milchkaffee	une huile	das Öl
le thé	der Tee	la pâtisserie	das Gebäck
le jus de fruits	der Fruchtsaft	la tarte	der Kuchen, die Torte
la tartine	die Brotscheibe	la glace	das Eis
avoir faim (fem.)	Hunger haben	se servir	sich bedienen
avoir soif (fem.)	Durst haben	servez-vous-en	bedienen Sie sich (damit)
ne … plus	nicht mehr		

A 1 Übung zum Wortschatz:
Schreibe die Wörter auf die Zeilen mit dem entsprechenden Artikel.

1. Was braucht ein Auto und ein Salat? – ___ __ ________

2. Welche drei „Nachspeisen“ enthält der Wortschatz?

   ___ ___________, ___ ____________, ___ __________

3. Welches Wort reimt sich auf «le pain»? – _____ ________

A 2 Ergänze die Kästchen und schreibe die deutschen Bedeutungen daneben.

l	e				t	i							____________
l	a				t	i							____________
l	a				t	i							____________

A 3 Was serviert man in einer Tasse? __ _____; __ _____ ___ _____

in einer Schüssel? ___ __________

in einem Becher? __ ________;

A 4 Welche vier Nahrungsmittel aus dem Wortschatz isst ein Vegetarier **nicht**?

___ _________; ___ __________; ___ ___________; ___ ___________

A 5 «A table». Ergänze die Sätze.

Mme Dupont: Il est bon, le rôti?	Alain: Oui, très bon.
Tu ___ prends encore?	Non, je n'___ prends plus.
Voilà la salade. Tu ___ veux encore?	Oui, j'___ prends encore un peu.

A 6 Ergänze die Antworten nach dem Muster:

Tu prends encore de la viande?	Non, merci, je n'en prends plus.
Tu as encore du jambon?	Non, je ___________________.
Tu veux encore un peu d'huile?	Non, merci, je ______________________.

6 Die Pronomen «en» und «y»

7 Ergänze mit le, la, l', en.

1. Tu aimes ___ pâtisserie? Oui, je __________ beaucoup.
   Tu ___ prends encore? Oui, j'__________________.
2. Il y a encore trois morceaux de tarte. Tu ___ veux un? Oui, j'__________________.
3. Tu vas apporter ___ thé? Oui, je __________________.

8 Ergänze die Sätze.

1. Vous avez déjà pris du lait? Oui, j'____________________.
2. Il a mangé des saucisses? Non, il ____________________.
3. Tu vas encore manger des fruits? Oui, je ____________________.
4. Les enfants ont mangé beaucoup de glace? Oui, ils ____________________.
5. Vous allez boire du jus de fruits? Non, nous ____________________
   ____________________________.

9 Bilde Fragesätze mit «est-ce que» im passé composé.

1. Est-ce que – vous – prendre – en – un peu
   ____?
2. Est-ce que – tu – acheter – en – une bouteille
   ____?
3. Est-ce que – elle – boire – ne plus – en
   ____?

A 10 Übersetze (auf einem Extrablatt).

1. Hast du noch Salat? Nein, ich habe keinen mehr.
2. Hier sind Brot und Schinken. Bedient euch (davon).
3. Hier ist noch Braten. Nehmt aber nicht zu viel (davon).
4. Wir haben keine Milch mehr. Ich werde gleich welche bringen.

Grammatik

6.4 Satzteile, die mit Präpositionen eingeleitet werden und mit «y» vertreten werden können

[«y»] kann **Ortsbestimmungen** vertreten, die mit «à», «dans», «sur», «sous» usw. eingeleitet werden:

Est-ce qu'elle va **à la gare?** Oui, elle **y** va.
Est-ce qu'il est **dans son jardin?** Oui, il **y** est.

Beachte: Ortsbestimmungen, die mit [«**au**»] (= à + le) und [«**aux**»] (= à + les) eingeleitet werden, können ebenfalls mit «y» vertreten werden:

Allez-vous **au marché**? Oui, nous **y** allons.
Elle est allée **aux Etats-Unis**? Oui, elle **y** est allée.

6.5 Die Stellung von «y»

[«y»] steht im Satz an der gleichen Stelle wie [«**en**»] und die **Objektpronomen** «me», «te», «le»/«la», «lui» usw.

Mme Dupont achète des fruits au marché.
Elle **en** achète au marché. – Elle **y** achète des fruits.

[«y»] steht:

– in **bejahten Aussagesätzen:** Elle **y** achète des fruits.	→ vor dem Verb
– in **verneinten Aussagesätzen:** Elle **n'y** achète **pas** de fruits.	→ zwischen ne und pas und vor dem Verb

– im **passé composé:** Elle **y** a acheté des fruits. Elle n'**y** a pas acheté de fruits.	→ vor dem Hilfsverb
– in Sätzen mit einem **Infinitiv:** Elle va **y** acheter des fruits.	→ vor dem Infinitiv
– im **bejahten Imperativ:** Achetez-**y** des fruits!	→ nach dem Verb
– im **verneinten Imperativ:** N'**y** achetez pas de fruits!	→ vor dem Verb

Beachte:
Im bejahten Imperativ muss zwischen Verb und «y» ein **Bindestrich** stehen; dieser entfällt beim verneinten Imperativ.
Der Imperativ Singular von «aller» erhält ein «s»: **Vas-y!** (zur leichteren Aussprache). Aber: N'y **va** pas!

Wortschatz

Präge dir die Wörter zum Wortfeld «la ville» (die Stadt) ein, bevor du die Aufgaben bearbeitest.

la grande ville	die Großstadt
la capitale	die Hauptstadt
la métropole	die Weltstadt
les vieux quartiers	die Altstadt
le bâtiment	das Gebäude
le stade	das Sportstadion

A 11 Ergänze die Sätze.

1. Paris est ___ ______________ de la France.

2. Dans ce ______________, il y a des tribunes pour cinquante mille spectateurs.

3. Le lycée se trouve dans un nouveau ______________.

4. New York est une ________________.

A 12 Ergänze die Antworten. Verwende dazu «y».

1. Tu veux vivre dans une métropole?

   Non, ______________________________________.

2. Vous avez souvent été au stade de football?

   Oui, ____________________________ souvent.

3. Vous allez à la gare? – Non, nous ___________________________.

4. Ils habitent dans les vieux quartiers de la ville?

   Oui, ____________________________.

5. Est-ce que tu vas au kiosque pour le journal? – Oui, _________.

A 13 Übersetze (auf einem Extrablatt).

1. Gehst du oft ins Kino? – Ja, ich gehe jede Woche dorthin.
2. Ihr wollt zum Rockkonzert gehen? Wir werden am Sonntag dorthin gehen.
3. Das Stadion ist nicht weit von hier. Gehen wir hin!
4. Claudines Geschenk? – Oh, ich habe nicht mehr daran gedacht.
5. Denkst du oft an Chantal? – Ja, ich denke oft an sie.

A 14 Setze «en» oder «y» ein:

1. Pierre a été à Marseille. Il ___ a été deux semaines. Il ___ est revenu hier soir.

2. Combien de bananes as-tu achetées? – J'___ ai acheté un kilo. – Et tu les as achetées au supermarché? – Oui, j'___ ai acheté les bananes.

3. Vous pensez à la fête ce soir? – Oui, nous ___ pensons. – Et vous allez apporter des boissons? – Oui, nous allons ___ apporter.
4. Est-ce qu'ils sont allés au théâtre? – Oui, ils ___ sont allés. Et quand est-ce qu'ils sont rentrés du théâtre? – Ils ___ sont rentrés vers onze heures.
5. Papa, nous pouvons aller à la plage? – Allez-___, mais faites attention.

A 15 Setze en, y, le, la, les ein:

1. Tu as acheté des CD? – Oui, j'___ ai acheté deux.
2. Tu écoutes souvent les CD? – Oui, je ___ écoute souvent.
3. Est-ce que les CD sont sur la table? – Oui, ils ___ sont.
4. Où est le lecteur de CD? – Tu ne ___ vois pas?
5. Vous aimez ce groupe de rock? – Oui, nous ___ aimons.

Grammatik

6.6 «il y a» + «en»

Wird «**il y a**» (es gibt) zusammen mit «**en**» verwendet, so steht «**y**» vor «**en**»:

Est-ce qu'**il y a** encore du pain? Oui, **il y en a** encore.

A 16 Übersetze (auf einem Extrablatt).

1. Gibt es noch Fruchtsaft? – Nein, es gibt keinen mehr.
2. Gibt es Schnee auf diesen Bergen? – Nein, es gibt nie welchen.
3. Gibt es noch freie Plätze? – Ja, es gibt noch zehn (davon).

Kapitel 7

Das passé composé mit «avoir» und «être»

7.1 Das passé composé mit «avoir»

Grammatik

Das **passé composé** (= die Form des deutschen Perfekts oder der zweiten Vergangenheit) wird gebildet mit den Formen von «**avoir**» und dem **participe passé** (= Partizip Perfekt oder Mittelwort der Vergangenheit):

présent		**passé composé**	
je travaille nous attendons	ich arbeite wir warten	j'ai travaillé nous avons attendu	ich habe gearbeitet wir haben gewartet

Das **participe passé** hat verschiedene **Endungen** und **Formen:**

Verben auf **-er** haben die Endung **-é**

écouter – j'ai écout**é**	ich habe gehört
chanter – j'ai chant**é**	ich habe gesungen

Verben auf **-dre** haben die Endung **-u**

attendre – j'ai attend**u**	ich habe gewartet
répondre – j'ai répond**u**	ich habe geantwortet

Verben auf **-ir** haben die Endung **-i**

dormir – j'ai dorm**i**	ich habe geschlafen
choisir – j'ai chois**i**	ich habe ausgewählt

7 Das passé composé mit «avoir» und «être»

Wenn du am Ende eines Verbs den Laut ***[e]*** *hörst, so musst du überlegen, wie du diese Endung schreibst:*

*mit -**er** (Infinitiv):*	*Je veux manger. (Ich will essen.)*
*mit -**é** (Partizip):*	*J'ai mangé. (Ich habe gegessen.)*
*mit -**ez** (2. Person Plural):*	*Vous mangez. (Ihr esst.)*

Wenn du am Ende eines Verbs den Laut ***[i]*** *hörst, so musst du überlegen, wie du diese Endung schreibst:*

*mit -**i** (Partizip):*	*J'ai choisi. (Ich habe ausgewählt.)*
*mit -**is** (1. und 2. Person Sing.):*	*Je finis. (Ich höre auf.)*
	Tu finis. (Du hörst auf.)
*mit -**it** (3. Person Sing.)*	*Il finit. (Er hört auf.)*

Das **participe passé** der Hilfsverben «**avoir**» und «**être**» lautet:

j'ai eu	j'ai été
tu as eu	tu as été
il/elle/on a eu	il/elle/on a été
nous avons eu	nous avons été
vous avez eu	vous avez été
ils/elles ont eu	ils/elles ont été

J'ai eu faim.	Ich habe Hunger gehabt.
J'ai été à Paris.	Ich bin in Paris gewesen.

Anders als beim Perfekt mit „sein" im Deutschen wird im Französischen das passé composé mit der entsprechenden Form von «avoir» gebildet:

*j'**ai** été – ich **bin** gewesen*
*tu **as** été – du **bist** gewesen*
*nous **avons** été – wir **sind** gewesen usw.*

Unregelmäßige Verben haben **unregelmäßige Formen** für das passé composé:

prendre	j'ai pris	ich habe genommen
apprendre	j'ai appris	ich habe gelernt
comprendre	j'ai compris	ich habe verstanden
mettre	j'ai mis	ich habe gelegt
dire	j'ai dit	ich habe gesagt
écrire	j'ai écrit	ich habe geschrieben
faire	j'ai fait	ich habe gemacht
offrir	j'ai offert	ich habe angeboten
ouvrir	j'ai ouvert	ich habe geöffnet
lire	j'ai lu	ich habe gelesen
pouvoir	j'ai pu	ich habe gekonnt
voir	j'ai vu	ich habe gesehen
vouloir	j'ai voulu	ich habe gewollt
savoir	j'ai su	ich habe gewusst
connaître	j'ai connu	ich habe gekannt

*Bei der **Verneinung** des passé composé steht «ne» **vor** und «pas» **nach** dem Hilfsverb:*

*J'ai vu Monique. – Je **n'**ai **pas** vu Monique.*

Präge dir ein: Bei der **Verneinung** des passé composé mit «avoir» wird «ne» **immer** apostrophiert:

j'ai lu → je **n'**ai pas lu
tu as lu → tu **n'**as pas lu
il a lu → il **n'**a pas lu usw.

7 Das passé composé mit «avoir» und «être»

A 1 Setze die vorgegebenen Verbformen ins passé composé.

1. nous mettons: nous __________
2. elle prend: elle ______________
3. vous avez: vous _____________
4. il écrit: il ________________
5. je lis: j' _________________
6. ils dorment: ils ___________

A 2 Ergänze die verneinten Sätze.

1. Vous avez téléphoné? – Non, nous _________________________.
2. Tu as ouvert la fenêtre? – Non, ______________________ la fenêtre.
3. Elle a fait son travail? – Non, _______________________ son travail.

A 3 Ergänze die Sätze mit dem passenden participe passé aus der Liste auf S. 67.

1. Quel livre est-ce que tu as ______?
2. Qui a ______ la limonade?
3. Est-ce que vous avez _________ le problème?
4. Pourquoi est-ce que tu n'as pas _________ la fenêtre?
5. Où est-ce que tu as ________ le français?

A 4 Übersetze (auf einem Extrablatt).

1. Bist du in Versailles gewesen?
2. Du hast Glück gehabt.
3. Ich habe kein Geld gehabt.
4. Seid ihr dort gewesen?

Wortschatz

Präge dir die Wörter zum Wortfeld «faire une excursion» (einen Ausflug machen) ein, bevor du die Aufgaben bearbeitest.

une excursion	ein Ausflug

en voiture	mit dem Auto
le frigidaire	der Kühlschrank
le pique-nique	das Picknick
une autoroute	eine Autobahn
prendre l'autoroute	auf der Autobahn fahren
visiter	besichtigen
pique-niquer	ein Picknick machen
quitter	verlassen, weggehen, wegfahren
rentrer	nach Hause fahren, gehen

*«visiter» kann nur im Zusammenhang mit einem **Ort** verwendet werden:*

visiter une ville, visiter un musée, visiter une église.

*Bei Personen verwendet man **«aller voir»**:*

Ce soir, nous allons voir Paul et Robert.
Heute Abend besuchen wir/gehen wir zu Paul und Robert.

*Das Nomen **«la visite»** kann jedoch für „Besichtigung" und „Besuch" verwendet werden.*

Besichtigung: Ils font une visite de la ville.
Besuch: Nous avons eu la visite des Dupont.
Nous rendons visite aux Dupont.

A 5 Setze die Sätze ins passé composé.

Qu'est-ce que les Leclerc ont fait le week-end?
Samedi matin, Mme Leclerc fait les courses. Elle achète tout pour un pique-nique. L'après-midi, elle prépare des sandwichs. Elle met tout dans le frigidaire. Dimanche, la famille fait une excursion en voiture. Ils prennent l'autoroute d'Orléans. A midi, ils pique-niquent près d'Orléans. Puis, ils visitent la ville. Il quittent la ville à 4 heures pour rentrer.

A 6 Übersetze und verwende dabei die vorgegebenen Satzteile.

1. avoir froid: Mir ist kalt gewesen. Habt ihr gefroren? Ihnen ist nicht kalt gewesen.
2. être à la maison: Paul ist zu Hause gewesen. Sind sie zu Hause gewesen? Ihr seid nicht zu Hause gewesen.

Grammatik

7.2 Das passé composé mit «être»

Verben, die eine **Bewegung** oder eine **Richtung** ausdrücken, bilden das passé composé mit «être»:

Bewegung: tomber (hinfallen) → Je **suis** tombé.
Richtung: monter (hinaufgehen) → Je **suis** monté.

Die Anzahl dieser Verben ist auf **zwölf** begrenzt:

sortir (hinausgehen, verlassen)	Il est sorti.
entrer (eintreten)	Il est entré.
arriver (ankommen)	Il est arrivé.
partir (abreisen)	Il est parti.
monter (hinaufgehen, einsteigen)	Il est monté.
descendre (hinuntergehen)	Il est descendu.
aller (gehen, gehen nach)	Il est allé.
venir (kommen)	Il est venu.

Tipp!

*Diese acht Verben drücken **gegensätzliche** Bewegungsrichtungen aus. Präge sie dir paarweise ein: sortir – entrer usw.*

Die vier Verben, die keinen «Gegensatzpartner» haben, sind:

retourner (umkehren, zurückkehren)	Il est retourné.
tomber (hinfallen)	Il est tombé.
rester (bleiben)	Il est resté.
rentrer (heimkommen, zurückkommen/-kehren)	Il est rentré.

Beachte:
«**rester**» ist das einzige unter den zwölf Verben, das **keine** Bewegung oder Richtung ausdrückt.

Es gibt einige Verben, die eine Bewegung oder Richtung ausdrücken, die jedoch das passé composé mit «avoir» bilden.
Die drei häufigsten sind:

marcher *(marschieren, gehen)*
rouler *(rollen, fahren)*
filer *(schnell weggehen, -rennen, -fahren)*

Hier macht man besonders leicht Fehler, weil man im Deutschen für das Perfekt die Form von «sein» verwendet.

*Il **a** marché sur le trottoir.*	*Er **ist** auf dem Bürgersteig gegangen.*
*L'euro **a** roulé sous l'armoire.*	*Der Euro **ist** unter den Schrank gerollt.*
*Le voleur **a** filé.*	*Der Dieb **ist** schnell weggerannt.*

A 7 Verwende das passé composé der Verben aus der Liste aus Kapitel 7.2.

Was hat Luc gestern gemacht?

1. Hier, Luc (gehen) _____ _______ au cinéma. Il a pris l'autobus.
2. Quand le bus (ankommen) _____ ________, Luc (einsteigen) _____ __________.
3. Vingt minutes plus tard, Luc (ankommen) _____ __________.

A 15.30 heures, il (eintreten) _____ ________ dans la salle du cinéma et il a regardé un film intéressant.

4. A 17 heures, il (herausgehen) _____ _________ du cinéma.
5. Il (zurückkehren) _____ __________ à la maison à pied.
6. Le soir, son copain Jacques (kommen) _____ ________ et il (bleiben) _____ ________ jusqu'à 10 heures. Ils ont regardé une vidéo. Ensuite, Luc a eu mal aux yeux.

A **8** Ergänze die Antworten, indem du das passé composé verwendest.

1. Quand est-ce que Pierre part? – Pierre _____ déjà ________.
2. Quand est-ce que le train arrive? – Le train _____ déjà ___________.
3. Où est-ce que Luc descend? – Luc _____ déjà _______________.
4. A quelle heure est-ce qu'il rentre? – Il _____ déjà __________.

A **9** Bilde verneinte Sätze im passé composé aus den vorgegebenen Wörtern (auf einem Extrablatt).

1. ne pas – le verre – tomber
2. ne pas – le garçon – rester – longtemps
3. ne pas – aller voir – il – son camarade
4. ne pas – venir – il – à 19 heures

A **10** Avoir oder être? Ergänze die Sätze.

1. Nous ________ travaillé jusqu'à 5 heures.
2. Robert _____ arrivé à la gare du Nord.
3. Quand est-ce qu'il _______ parti?

4. Il _____ allé au marché où il _____ acheté des fruits.

5. Elle _____ vu que le taxi _____ parti.

6. Nous _______ été à la maison et nous avons _____ la visite des Leclerc.

7. Est-ce que tu _____ descendu à Marseille? Tu ______ resté longtemps? Qu'est-ce que tu ______ fait là?

A 11 Rechtschreibung: Wie schreibst du den Laut [e] am Ende einer Verbform? Ergänze -er, -ez oder -é.

1. Parl_____ plus lentement, s'il vous plaît.
2. Je ne peux pas all____ en vacances, je n'ai pas assez d'argent.
3. Demain, je vais regard____ ta nouvelle BD.
4. As-tu déjà achet____ du pain?
5. N'all____ pas dans ce restaurant, il est très cher.
6. Pourquoi es-tu retourn___ de Paris, Robert?

A 12 Rechtschreibung: Wie schreibst du den Laut [i] am Ende einer Verbform? Ergänze -is, -it oder -i.

1. Avez-vous déjà fin___ votre travail?
2. Au restaurant, Luc chois___ un bon menu.
3. Le professeur fin___ la leçon à 12 heures.
4. Vous avez bien dorm___?
5. Qu'est-ce que tu d____?
6. Je n'ai pas compr___.
7. Paul écr___ une lettre.
8. Nous avons pr____ l'autoroute.
9. Où as-tu m___ mon livre?

Das participe passé in Verbindung mit «être» und «avoir»

Grammatik

Wie du weißt, gibt es **einfache** Zeiten (z. B. ich arbeite – je travaille) und **zusammengesetzte** Zeiten (z. B. ich habe gearbeitet – j'ai travaillé). Das **passé composé** ist eine **zusammengesetzte Zeit:** Es wird aus den **Hilfsverben** «avoir» oder «être» und dem **participe passé** gebildet:

Infinitiv	Hilfsverb	participe passé
manger	nous avons	mangé
attendre	ils ont	attendu
partir	je suis	parti

8.1 Die Veränderlichkeit des participe passé in Verbindung mit «être»

Das mit «**être**» verbundene participe passé richtet sich in Geschlecht und Zahl nach dem **Subjekt**.

Präge dir ein, dass das **participe passé** mit «être» die **gleichen Endungen** wie ein **Adjektiv** hat:

Le garçon est grand.
La fille est grande.
Les garçons sont grands.
Les filles sont grandes.

Le garçon est rentré.
La fille est rentrée.
Les garçons sont rentrés.
Les filles sont rentrées.

*Enthält das Subjekt ein männliches **und** ein weibliches Geschlecht, so erhält das participe passé die Endung des **männlichen** Plurals **-s**:*

__Le__ garçon et __la__ fille sont grand__s__.
__Le__ garçon et __les__ filles sont rentré__s__.

*Wie bei Adjektiven vergisst man leicht die **nicht hörbaren** Endungen **-e**, **-s**, **-es**.*

*Bei den Subjektpronomen **«tu»** und **«vous»** musst du darauf achten, ob die angesprochenen Personen männlich oder weiblich sind:*

*Où es-tu descend**u**, Pierre?*
*Où es-tu descend**ue**, Chantal?*
*Quand êtes-vous part**i**, monsieur?*
*Quand êtes-vous part**ie**, madame?*

*Bei **«vous»** musst du außerdem noch berücksichtigen, ob es sich um **mehrere** Personen oder um **eine** Person handelt, die du mit „Sie" ansprichst:*

Robert fragt Pierre und Chantal:
*Combien de temps êtes-vous rest**és** à Paris?*
Robert fragt Madame Dupont:
*Combien de temps êtes-vous rest**ée** à Paris?*

A 1 Ergänze die Endungen falls nötig.

1. François est parti__ pour Strasbourg et Françoise est parti__ pour Marseille.
2. Où est-ce que vous êtes tombé__, madame?
3. Les étudiants et les étudiantes sont allé__ à la cantine.
4. Luc demande à Véronique: «Tu es parti__ à quelle heure?»
5. Les filles sont resté__ sur la plage du matin au soir.
6. Vous êtes arrivé__ quand, monsieur?
7. Nicole a eu mal à la tête, elle n'est pas allé__ à la fête.

8 Das participe passé in Verbindung mit «être» und «avoir»

A 2 Welches Nomen passt in die Lücke?

M. Leclerc – L'étudiante – Les étudiants – Les filles

1. ________________ est partie.

2. ______________ est rentré.

3. ________________ sont sorties.

4. _______________ ne sont pas restés.

A 3 Übersetze (auf einem Extrablatt).

1. Meine Freundin ist fortgegangen.
2. Wer ist gekommen?
3. Sie ist nicht aus dem Zug ausgestiegen.
4. Um wie viel Uhr seid ihr angekommen?
5. Sie ist nach Paris zurückgekehrt.
6. Wo bist du hingefallen, Gisèle?

Grammatik

8.2 Die Veränderlichkeit des participe passé in Verbindung mit «avoir»

Wie das participe passé mit «être» erhält auch das participe passé mit «**avoir**» die Endungen **-s**, **-e**, **-es** (z.B. donnés, donnée, données), aber unter anderen Bedingungen.
Die Endungen dieses participe richten sich **nicht** nach dem Subjekt des Satzes, sondern nach dem **vorausgehenden direkten Objekt**.

Ein **direktes Objekt** erkennst du, wenn du die Frage „wen oder was" nach einem Satzteil stellst (vgl. Kapitel 4):

Ich esse (wen oder was?) **den Apfel**.
Je mange **la pomme**.
(la pomme = direktes Objekt)

Da dieses direkte Objekt **nach** dem participe passé steht, ändert sich **nichts:**

J'ai mangé	la pomme.
participe passé	direktes Objekt

Steht das direkte Objekt jedoch **vor** dem participe passé, so wird es in Geschlecht und Zahl an dieses **angeglichen:**

Wo ist mein Apfel? Hast du **ihn** (wen oder was?) gegessen?
Où est ma pomme? Tu **l'** as mang**ée?**
direktes Objekt (l') – participe passé (mangée)

Merke dir die folgenden ***vier*** *Arten von vorausgehenden direkten Objekten, nach denen das participe passé* ***angeglichen*** *wird:*

1. die ***direkten Objektpronomen*** *«me», «te», «le»/«la», «nous», «vous», «les»:*
Voilà les melons, je ***les*** *ai achetés au marché.*

2. das Relativpronomen ***«que»****:*
Où sont les melons ***que*** *j'ai achetés?*

3. die ***Fragewörter*** *«quel», «quelle», «quels», «quelles»* ***+ Nomen:***
Quels melons *as-tu achetés?*

4. das Fragewort ***«combien de»*** *(wie viel, wie viele)* ***+ Nomen:***
Combien de melons *as-tu achetés?*

*«**me**», «**te**», «**nous**», «**vous**» können auch **indirekte Objektpronomen** sein. Wenn diese dem participe passé vorausgehen, erfolgt **keine** Veränderung. Du erkennst ein indirektes Objektpronomen, wenn es die Antwort auf die Frage «wem?» gibt.*

Sie hat uns (wem?) ihre Adresse gegeben.
*Elle **nous** a donné son adresse.*
|
indirektes Objekt

Elle **nous** a montré la ville.
Wem hat sie die Stadt gezeigt? → keine Veränderung

La ville **que** nous avons visitée
s'appelle Orange.
Wen oder was haben wir besichtigt? → Veränderung!

Je **vous** ai écrit une lettre.
Wem habe ich … geschrieben? → keine Veränderung

Où est la lettre? Je **l'**ai écrit**e** ce matin.
Wen oder was habe ich geschrieben? → Veränderung!

*Verwechsle nicht «**qu'elle**» und «**quelle**»!*
«qu'elle» besteht aus dem apostrophierten Relativpronomen que + elle = qu'elle.
*Das Gleiche gilt für «**qu'elles**» und «**quelles**».*
«quelle» und «quelles» sind die weiblichen Formen des Fragewortes «quel» (welche).

Où est la tarte **qu'elle** a achetée?	Wo ist der Kuchen, den sie gekauft hat?
Quelle tarte est-ce?	Welcher Kuchen ist das?

A 4 Ergänze die Endungen des participe passé falls nötig.

1. Où est ma carte postale? Je l'ai mis___ sur la table.
2. Tu veux voir les photos que j'ai fait___?
3. Je ne trouve pas mon CD de rock. Tu l'as pris___, Yves?
4. Combien de bouteilles d'eau minérale avez-vous acheté___?
5. Quel film avez-vous vu___?
6. Voilà une BD. Jean me l'a prêté___.
7. Quelle vidéo avez-vous regardé___?
8. Les meubles qu'ils ont acheté___ sont très modernes.
9. Combien de vin est-ce qu'il a bu___?
10. Tes bonbons? – Je les ai tous mangé___.

A 5 Ergänze die Antworten und verwende dabei direkte Objektpronomen.

1. Tu as réparé ta bicyclette? – Oui, je ___________________.
2. Vous avez vu le match de tennis? – Oui, nous ___________________.
3. Tu as rencontré ton amie Stéphanie? – Oui, je ___________________.
4. Elle a rangé sa chambre? – Non, elle ne _____ pas encore _________.

A 6 Direkte oder indirekte Objektpronomen? Ergänze Pronomen und Endungen falls nötig.

1. Tu connais Yvette et Odile? Je _____ ai invité___.
2. Pierrette vous a montré___ les photos, Mme Dupont?
3. Dimanche, nous allons chez les Leclerc, ils _____ ont invité___.
4. Jeannine, je __ ai téléphoné___ ce matin, mais tu n'as pas décroché.

8 Das participe passé in Verbindung mit «être» und «avoir»

A 7 Setze qu'elle, qu'elles, quelle, quelles ein:

1. ________ voiture est-ce qu'il a achetée?
2. La photo ________ m'a montrée est très amusante.
3. Martine et Odile ont écouté un CD. Le CD ________ ont écouté est terrible.
4. ________ copines est-ce qu'elle a invitées?

Wortschatz

Die folgenden Aufgaben drehen sich um eine Party: «La boum d'Isabelle». Präge dir dazu die Wörterliste ein.

la boum	die Party	une invitation	eine Einladung
la boisson	das Getränk	le lecteur de CD	der CD-Player
accepter	annehmen	refuser	ablehnen
plaire à qn	jmdm. gefallen	remercier qn (!)	jmdm. danken
garder	bewahren	formidable	toll
pendant	während	vers	gegen

Beachte: Auf «**remercier**» folgt im Französischen ein **direktes Objekt**, im Deutschen hingegen ein indirektes Objekt!

A 8 Ergänze die Endungen des participe passé falls nötig.

Isabelle a organisé___ une boum. Elle a écrit___ des invitations à ses camarades. Qui a accepté___ l'invitation?
Marc, Julien, Odile et Yvette l'ont accepté___. Christine l'a refusé___. Elle est resté___ chez elle parce que ses parents sont parti___ pour le week-end et elle a gardé___ la maison.
Isabelle a beaucoup préparé___. Odile l'a aidé___. Marc et Julien ont apporté___ des boissons. D'abord, ils les ont mis___ dans le frigidaire, puis ils les ont toutes bu___ pendant la soirée. Yvette a apporté___ de nouveaux CD et son lecteur de CD. Elle a mis___ les CD dans son lecteur. La musique a plu___ aux copains.
Vers onze heures, tous sont rentré___. Ils ont remercié___ Isabelle et ils lui ont dit___: Tes boums sont formidables!

A 9 Übersetze! (Versuche es zunächst ohne die Vorgaben.)

1. Martine ist zu einer Konditorei (zum Konditor) gegangen.

   Martine _____ __________ chez le pâtissier.

2. Dort hat sie einen schönen kleinen Kuchen gesehen, er hat ihr gefallen und sie hat ihn gekauft.

   Là, elle ___ ____ une ______, ________ tarte, elle ____ ____ _____ et elle ___ ____ ______________.

3. Sie hat ihn ihrer Freundin Odile zu ihrem Geburtstag geschenkt.

   Elle __ ___ _________ à son amie Odile pour son _________________.

4. Odile hat sich bei ihr bedankt und sie hat den Kuchen gleich aufgegessen, weil sie ein Schleckermäulchen ist.

   Odile ___ ____ ______________ et elle ___ _______ la tarte _____ ____ _______, ________ ____ _______ est gourmande.

Das imparfait

Dieses Kapitel beschäftigt sich mit der Bildung des **imparfait,** dem imparfait der Hilfsverben «avoir» und «être», von Verben mit zwei verschiedenen Stämmen und dem imparfait der unregelmäßigen Verben. Außerdem wird erklärt, wann du das imparfait und wann du das **passé composé** verwenden musst.

Grammatik

9.1 Die Bildung des imparfait

Das imparfait wird aus dem **Stamm** der 1. Person Plural Präsens abgeleitet. An diesen Stamm werden bestimmte **Endungen** angehängt:

je	**-ais**
tu	**-ais**
il/elle/on	**-ait**
nous	**-ions**
vous	**-iez**
ils/elles	**-aient**

Verben auf -er wie «porter» (tragen):
Stamm der 1. Person Plural Präsens: nous **port** | ons

je portais (ich trug)	nous portions
tu portais	vous portiez
il/elle/on portait	ils/elles portaient

Verben auf -dre wie «attendre» (warten):
Stamm der 1. Person Plural Präsens: nous **attend** | ons

j'attendais (ich wartete)	nous attendions
tu attendais	vous attendiez
il/elle/on attendait	ils/elles attendaient

Verben auf -ir ohne Stammerweiterung wie «dormir» (schlafen):
Stamm der 1. Person Plural Präsens: nous **dorm** | ons

je dormais (ich schlief)	nous dormions
tu dormais	vous dormiez
il/elle/on dormait	ils/elles dormaient

Verben auf -ir mit Stammerweiterung wie «finir» (beenden):
Stamm der 1. Person Plural Präsens: nous **finiss** | ons

je finissais (ich beendete)	nous finissions
tu finissais	vous finissiez
il/elle/on finissait	ils/elles finissaient

*Wenn du eine Verbform im imparfait bilden willst, überlege zuerst, wie das Verb in der **1. Person Plural Präsens** (nous) heißt, leite davon den **Stamm** ab und hänge dann die **Endung** für die jeweilige Person daran.*

crier (schreien):
nous cri | ons → je cri | **ais**, nous cri | **ions** usw.
↓ ↓
Stamm Endung

travailler (arbeiten):
nous travaill | ons → je travaill | **ais**, nous travaill | **ions** usw.
↓ ↓
Stamm Endung

9.2 Das imparfait von «avoir» und «être»

avoir		**être**	
j'avais (ich hatte)	nous avions	j'étais (ich war)	nous étions
tu avais	vous aviez	tu étais	vous étiez
il/elle/on avait	ils/elles avaient	il/elle/on était	ils/elles étaient

9.3 Das imparfait von Verben mit zwei verschiedenen Stämmen

<table>
<tr><th>Infinitiv</th><th>1. Pers. Sing. Präsens</th><th>1. Pers. Plural Präsens</th><th>imparfait</th></tr>
<tr><td>acheter</td><td>j'achète</td><td>nous
achet | ons</td><td>j'achetais usw.</td></tr>
<tr><td>manger</td><td>je mange</td><td>nous
mang | eons</td><td>je mangeais usw.</td></tr>
<tr><td>commencer</td><td>je commence</td><td>nous
commenç | ons</td><td>je commençais usw.</td></tr>
<tr><td>envoyer</td><td>j'envoie</td><td>nous
envoy | ons</td><td>j'envoyais usw.</td></tr>
</table>

*Bei Verben, deren Stamm auf -**g** endet, muss ein -**e** eingeschoben werden, wenn auf das -g ein «a» folgt:*

***manger**:*
*je mang**e**ais, tu mang**e**ais, il mang**e**ait, ils mang**e**aient*
*Ebenso «**ranger**» (aufräumen), «**loger**» (wohnen), «**corriger**» (korrigieren).*

*Bei Verben, deren Stamm auf -**c** endet, muss das -c durch -**ç** ersetzt werden, wenn darauf ein «a» folgt:*

***commencer**:*
*je commen**ç**ais, tu commen**ç**ais, il commen**ç**ait, ils commen**ç**aient*
*Ebenso «**lancer**» (werfen) und «**prononcer**» (aussprechen).*

9.4 Das imparfait unregelmäßiger Verben

Auch hier gilt: Das imparfait wird mit dem **Stamm der 1. Person Plural Präsens + Endungen** gebildet.

Infinitiv	1. Pers. Plural Präsens	imparfait
boire	nous **buv** | ons	je buvais
dire	nous **dis** | ons	je disais
prendre	nous **pren** | ons	je prenais
connaître	nous **connaiss** | ons	je connaissais
venir	nous **ven** | ons	je venais

A 1 Ergänze die Verbformen nach dem vorgegebenen Muster:

	Infinitiv	1. Pers. Plural Präs.	imparfait	
	venir	nous venons	nous venions	wir kamen
1.	chanter	nous ________	il ________	er sang
2.	vouloir	nous ________	vous ________	ihr wolltet
3.	plonger	nous ________	je ________	ich tauchte
4.	trouver	nous ________	elles ________	sie fanden
5.	aller	nous ________	tu ________	du gingst
6.	corriger	nous ________	il ________	er korrigierte
7.	vivre	nous ________	nous ________	wir lebten
8.	dire	nous ________	ils ________	sie sagten
9.	lancer	nous ________	elle ________	sie warf
10.	choisir	nous ________	il ________	er wählte aus

9 Das imparfait

A 2 Ergänze die korrekten Verbformen.

1. L'année dernière, Georges (être) ________ en vacances.
2. Il (faire) __________ très beau.
3. Il (nager) ___________ toute la journée.
4. Il (prendre) _____________ des bains de soleil.
5. Trois jours après, il ne (pouvoir) ___________ plus aller à la plage parce qu'il (avoir) ___________ un coup de soleil.
6. Il (devoir) ___________ rester à l'hôtel où il (lire) __________ et (écrire) _________ des lettres à ses amis.

A 3 Übersetze. (Versuche es zunächst ohne die Vorgaben.)

Was machten die Leute, als es noch kein Fernsehen gab? Sie sprachen miteinander, sie spielten mit ihren Kindern, sie luden Gäste ein, sie gingen öfter ins Kino oder ins Theater. Man hatte mehr Zeit für andere Aktivitäten.

Que ____________ les gens, quand il n'y _________ pas encore la _______________? Ils ___________ entre eux, ils ___________ avec leurs enfants, ils ____________ des hôtes, ils ____________ plus souvent au ___________ ou au théâtre. On _________ plus de temps pour d'autres activités.

A 4 Rechtschreibung: Ergänze die Formen des imparfait.

1. je mang__ais, nous mang__ons, vous mang__ez, ils mang__aient
2. je commen__ais, nous commen__ions, vous commen__iez, ils commen__aient
3. je vo__ais, nous vo__ons, vous vo__ez, ils vo__aient
4. je travaill____, nous travaill______, vous travaill____, ils travaill____

Grammatik

9.5 Die unterschiedliche Verwendung von imparfait und passé composé

Wenn man erzählen will, was sich in der Vergangenheit abspielte, verwendet man je nach Handlungsart und -dauer **zwei** verschiedene Zeiten.

Das **imparfait** sagt aus, was in der Vergangenheit gewohnheitsmäßig war oder häufig geschah.

L'année dernière, le temps était mauvais, il pleuvait souvent.
Quand j'étais à Paris, j'allais chez le boulanger et j'achetais deux baguettes tous les matins.

Das **passé composé** sagt aus, dass plötzlich eine Handlung oder mehrere Handlungen in der Vergangenheit begannen, einige Zeit dauerten und dann wieder aufhörten.

Tout à coup, il a commencé à pleuvoir.
Le téléphone a sonné. J'ai décroché et j'ai entendu la voix de mon oncle. Il m'a dit: Je vais venir ce soir.

9 Das imparfait

Vergleiche folgende Situationen:

Comme chaque soir, Mme Legrand **attendait** son mari, qui **revenait** du bureau en voiture.	= gewohnheitsmäßige, sich wiederholende Handlungen in der Vergangenheit
Elle **était** inquiète et elle **regardait** souvent par la fenêtre.	= Zustand in der Vergangenheit, Handlung, die sich wiederholt

Das **imparfait** beschreibt nicht die Handlung (was geschah? was trat ein?), sondern die **Situation** (wie war es?).

Tout à coup, elle **a entendu** un taxi.	= plötzlich eintretende Handlung
Elle **a regardé** par la fenêtre et elle **a vu** son mari.	= darauf folgende, neu eintretende Handlungen
Il **a payé** le chauffeur et le taxi **est parti**.	= weitere neue Handlungen

Das **passé composé** beschreibt nicht, wie eine Situation war, sondern welche **Handlungen** stattfanden (was geschah? was passierte?).

*Du darfst **nicht immer** ein deutsches Perfekt (2. Vergangenheit, vollendete Gegenwart) mit dem **passé composé** übersetzen:*

> ***Sind** die Leute früher glücklicher **gewesen**? (= Zustand)*
> *Est-ce que les gens **étaient** plus heureux autrefois?*

*Umgekehrt musst du **manchmal** ein deutsches Imperfekt mit dem passé composé wiedergeben:*

> *Plötzlich **läutete** jemand. (= neu eintretende Handlung)*
> *Tout à coup, quelqu'un **a sonné**.*

*Neu eintretende Handlungen und aufeinander folgende Handlungen werden oft durch «**tout à coup**» (plötzlich), «**puis**» (dann), «**ensuite**» (dann), «**d'abord**» (zunächst), «**enfin**» (schließlich), «**à la fin**» (zum Schluss) eingeleitet. Auf diese Adverbien folgt meistens (nicht immer!) das **passé composé**.*

*Länger andauernde Handlungen und vor allem zeitlich nicht begrenzte Zustände und Gewohnheiten werden oft mit «**autrefois**» (früher), «**quand**» (als), «**comme**» (da), «**pendant que**» (während), «**parce que**» (weil) eingeleitet. Auf diese Wendungen folgt meistens das **imparfait**.*

Wortschatz

Präge dir die Wörter zum Wortfeld «l'accident» (der Unfall) ein, bevor du die Aufgaben bearbeitest.

rouler	fahren	lentement	langsam
freiner	bremsen	vite	schnell
heurter	auffahren, aufprallen		
le brouillard	der Nebel		
la faute	der Fehler, die Schuld		
le télescopage	der Auffahrunfall		

*Verben, die eine **Bewegung** ausdrücken (aller, venir, sortir usw.), werden in der Regel mit dem Hilfsverb «**être**» ins passé composé gesetzt. «rouler» und «heurter» drücken auch eine Bewegung aus, sie werden jedoch mit dem Hilfsverb «**avoir**» ins passé composé gesetzt:*

	*je **suis** venu*	*ich **bin** gekommen*
aber:	*j'**ai** roulé*	*ich **bin** gefahren*
	*j'**ai** heurté*	*ich **bin** aufgefahren*

A 5 Ergänze das Verb im imparfait oder im passé composé.

1. (être) C'________ sur la route nationale 5.
2. (rentrer) Comme chaque soir, M. Legrand __________ du travail.
3. (rouler, avoir) Il _________ lentement parce qu'il y __________ du brouillard.
4. (être) Il ___________ impossible de rouler vite.
5. (freiner) Tout à coup, le chauffeur de la voiture devant lui _______.
6. (devoir) M. Legrand ___________ freiner aussi.
7. (heurter) Trop tard. M. Legrand __________ l'autre voiture.
8. (venir) La police ____________.

A 6 Ergänze das Verb im imparfait oder im passé composé.

1. Yves: Qu'est-ce que tu (faire) _________ pendant les vacances?
2. Odile: Je (aller) ______________ en Italie avec ma mère.

   Yves: Et ton père?
3. Odile: Il (ne pas avoir) ________________ le temps. Il (devoir) _________ travailler. Ma mère et moi, nous (essayer) __________ ___________ de faire du surf.
4. Yves: (être) C'__________ bien?
5. Odile: Super! Il (faire) ______________ beau temps et tous les gens (être) _____________ très sympathiques.

Kapitel 10

Wichtige unregelmäßige Verben

Viele unregelmäßige Verben werden besonders häufig gebraucht. Hier sind 14 dieser Verben zusammengestellt. Zum Schluss werden noch Verben auf -er vorgestellt, die verschiedene Stämme haben und dem Muster von «répéter» folgen.

Grammatik

10.1 écrire, lire

écrire (lesen)		**lire** (lesen)	
j'écris	ich schreibe	je lis	ich lese
tu écris	du schreibst	tu lis	du liest
il/elle/on écrit	er/sie/man schreibt	il/elle/on lit	er/sie/man liest
nous écrivons	wir schreiben	nous lisons	wir lesen
vous écrivez	ihr schreibt	vous lisez	ihr lest
ils/elles écrivent	sie schreiben	ils/elles lisent	sie lesen
Imperativ			
Écris!	Schreib!	Lis!	Lese!
passé composé			
j'ai écrit		j'ai lu	

Beachte die Apostrophierungen bei «je»:

*j'écris – **je n'**écris pas.*

A 1 Übersetze mit «écrire».

1. Was schreibst du?
2. Schreiben wir (doch) eine Postkarte an unseren Lehrer.
3. Ich schreibe ihr nicht, weil sie mir nicht schreibt.
4. Die Schüler schreiben nicht viel.

A 2 Übersetze mit «lire».

1. Was lest ihr da?
2. Lies diesen Brief!
3. Claudine liest einen interessanten Roman.
4. Sie lesen einen Zeitungsartikel im Unterricht.
5. Liest er im Bett?

Grammatik

10.2 suivre, connaître

suivre (folgen)	**connaître** (kennen)
je suis	je connais
tu suis	tu connais
il/elle/on suit	il/elle/on connaît
nous suivons	nous connaissons
vous suivez	vous connaissez
ils/elles suivent	ils/elles connaissent
Imperativ	
Suis!	---
passé composé	
j'ai suivi	j'ai connu

Beachte bei «connaître»:

- **-î-** gibt es nur im Infinitiv und in der 3. Person Singular!
- Merke dir zu den drei Pluralformen: 2 «n», 2 «s» (nous co**nn**ai**ss**ons).

Das Verb «**poursuivre**» (verfolgen) wird nach demselben Muster wie «**suivre**» konjugiert.

*«**je suis**» kann heißen:*

ich bin … (je suis Allemand – von «être»)
ich folge … (je suis ta voiture – von «suivre»)

Wer hat Recht?

A 3 Übersetze mit «suivre» oder «poursuivre».

1. Folgen Sie mir bitte.
2. Die Polizei verfolgt die Gangster.
3. Ich kann Ihnen nicht folgen, Sie sprechen zu schnell.
4. Wir folgen dem Reiseleiter.

A 4 Übersetze mit «connaître».

1. Mein Freund kennt die Stadt gut.
2. Kennen Sie diesen Film?
3. Ich kenne seinen Namen nicht.
4. Wir kennen Paris noch nicht.
5. Peter kennt dieses Wort nicht.

Grammatik

10.3 voir, boire

voir (sehen)		**boire** (trinken)	
je vois	ich sehe	je bois	ich trinke
tu vois	du siehst	tu bois	du trinkst
il/elle/on voit	er/sie/man sieht	il/elle/on boit	er/sie/man trinkt
nous voyons	wir sehen	nous **buvons**	wir trinken
vous voyez	ihr seht	vous **buvez**	ihr trinkt
ils/elles voient	sie sehen	ils/elles boivent	sie trinken
Imperativ			
Voyons!		Bois! Buvons! Buvez!	
passé composé			
j'ai vu		j'ai bu	

*Nur die **endungsbetonten Formen** von «voir» werden mit -y- geschrieben:*

nous voyons, vous voyez; aber: ils voient.

A 5 Übersetze (auf einem Extrablatt).

1. Siehst du dieses Haus dort?
2. Was trinkt ihr?
3. Sie trinken keinen Wein.
4. Habt ihr Durst? Wollt ihr etwas zu trinken?
5. Julie? Ich habe sie nicht gesehen.
6. Er hat den Kaffee nicht getrunken.
7. Seht ihr das Problem?
8. Er sieht nicht gut ohne Brille (les lunettes).

Grammatik

10.4 plaire, pleuvoir

Die Konjugation von «plaire» (gefallen):

Singular	**Plural**
je plais	nous plaisons
tu plais	vous plaisez
il/elle plaît	ils/elles plaisent
participe passé:	plu
passé composé:	j'ai plu (à)

Beachte:
Das -**î**- in der 3. Person Singular wird mit circonflexe geschrieben.

Auf «plaire» folgt ein mit der Präposition «à» angeschlossenes **indirektes Objekt**:

Est-ce qu'il plaît **aux** filles?

---

*Die Form und Stellung des **indirekten Objektpronomens** ändern sich, wenn es mit Verben mit der Präposition «à» verwendet wird:*

betont → nachgestellt:	*Non, il ne plaît pas **à elles**.*
unbetont → vorangestellt:	*Non, il ne **leur** plaît pas.*

Die Konjugation von «pleuvoir» (regnen):

il **pleut**	es regnet
il **a plu**	es hat geregnet
il **pleuvait**	es regnete

Es gibt nur diese drei Formen.

---

*Das participe passé **«plu»** kann heißen:*

(il a) plu = (es hat) geregnet

oder

(il a) plu = (er hat) gefallen (Infinitiv: plaire).

A 6 Frage deinen Freund/deine Freundin,

1. ob ihm der Film gefallen hat,
2. ob es den ganzen Tag geregnet hat,
3. ob ihm/ihr Lyon gefällt,
4. ob das Foto seiner/ihrer Schwester nicht gefallen hat.

10.5 devoir, pouvoir, savoir, vouloir

devoir (müssen)	**pouvoir** (können)	**savoir** (können, wissen)	**vouloir** (wollen)
je **dois**	je **peux**	je **sais**	je **veux**
tu **dois**	tu **peux**	tu **sais**	tu **veux**
il/elle/on **doit**	il/elle/on **peut**	il/elle/on **sait**	il/elle/on **veut**
nous devons	nous pouvons	nous savons	nous voulons
vous devez	vous pouvez	vous savez	vous voulez
ils/elles **doivent**	ils/elles **peuvent**	ils/elles savent	ils/elles **veulent**
passé composé			
j'ai dû	j'ai pu	j'ai su	j'ai voulu

*«**pouvoir**» und «**savoir**» kann man für das deutsche „können" verwenden. Man muss jedoch unterscheiden:*

__Kannst__ du morgen kommen? – __Peux__-tu venir demain?

__Kannst__ du Französisch sprechen? – __Sais__-tu parler le français?

Im ersten Satz bedeutet «pouvoir», dass es möglich oder erlaubt ist, etwas machen zu können. Im zweiten Satz bedeutet «savoir», dass man etwas tun kann, weil man es gelernt hat.

Pierre **peut** porter cette grande valise, il est fort.
Pierre **kann** diesen großen Koffer tragen, er ist stark.

Est-ce que je **peux** surfer sur l'Internet de ton ordinateur?
Kann ich/**darf** ich mit deinem Computer im Internet surfen?

Est-ce que tu **sais** skier? – **Kannst** du Ski fahren?
Elle **sait** jouer très bien de la flûte. – Sie **kann** sehr gut Flöte spielen.

A 7 Ergänze die korrekten Verbformen.

1. müssen: Nous avons ______ partir. Pierre _______ téléphoner à la gare. Les garçons __________ faire leurs valises. Qu'est-ce que je _______ faire? Nous __________ aller à la banque.
2. können: Est-ce que je _______ rester chez toi le week-end? Nous __________ aller au bord de la mer. Pierre n'a pas _____ trouver la rue sur le plan de la ville. Les Leclerc ne __________ pas louer un appartement plus grand, cela coûte trop cher.
3. wissen: Je ne _______ pas si je peux venir. Est-ce que tu as _______ que Robert est parti? Ils ne ________ ni lire ni écrire. ___________-vous son numéro de téléphone? C'est un garçon très gentil, tu ______.
4. wollen: Qu'est-ce qu'ils ____________ faire ce soir? Tu _______ partir maintenant? J'ai ________ t'écrire, mais je n'avais pas le temps. Les jeunes ne __________ pas rester à la maison. Qu'est-ce que vous __________ visiter à Paris?

A 8 Ergänze mit den Formen von «savoir» oder «pouvoir».

1. Dis-lui qu'il __________ venir.
2. ______________-vous parler l'italien?
3. Je ne ____________ pas où tu habites.
4. Papa dit que les enfants ne _____________ pas aller au cinéma seuls.
5. _____________-ils où se trouve leur hôtel?
6. Nous ne _______________ pas rester le week-end.

10.6 vivre, courir

vivre (leben)	**courir** (laufen)
je **vis**	je **cours**
tu **vis**	tu **cours**
il/elle/on **vit**	il/elle/on **court**
nous **vivons**	nous **courons**
vous **vivez**	vous **courez**
ils/elles **vivent**	ils/elles **courent**
Imperativ	
Vis! Vivons! Vivez!	Cours! Courons! Courez!
passé composé	
j'ai vécu	j'ai (!) couru

Beachte bei «vivre»:
Vive la France! – Es lebe Frankreich!
Die Form «vive» ist eine Konjunktivform.

Beachte bei «courir»:

- Obwohl «courir» ein Verb der Bewegung ist, wird das passé composé mit «**avoir**» und nicht mit «être» gebildet.
- Die stammbetonten Formen (je cours usw.) werden [kur] ausgesprochen.

---

*Gleich ausgesprochen werden die **Homonyme**:*

le cours *[kur]*	*1. der Unterricht, die Unterrichtsstunde*
	2. der Fluss, der Wasserlauf
la cour *[kur]*	*1. der Hof (eines Hauses)*
	2. der (Königs-)Hof, Sitz eines Adligen
court *(Adj.) [kur]*	*kurz*

A 9 Ergänze mit den Formen von «vivre».

1. Ça fait cinq ans que nous ________ ici.
2. Avant, nous avons ________ à Grenoble.
3. Où ________ tes grands-parents?
4. On ne ________ pas mal à la campagne.
5. Tu ______ en ville?

A 10 Ergänze die Sätze mit den Schreibweisen für [kur].

1. Pierre et Luc ________ les cent mètres en douze secondes.
2. Yves ________ après Chantal, il lui fait la ________.
3. Tu ________ un grand risque.
4. Ton pantalon est trop ________.
5. Les ________ de ce nouveau professeur sont bien.
6. Les week-ends sont toujours trop ________.

10.7 Verben nach dem Muster von «répéter»

Du kennst bereits Verben auf **-er**, die verschiedene Stämme haben, je nachdem, ob der Stamm oder die Endung betont ist.

«**acheter**»:

stammbetont	**endungsbetont**
j'ach**è**te	nous achetons
tu ach**è**tes	vous achetez
il/elle/on ach**è**te, ils/elles ach**è**tent	
Imperativ: Ach**è**te!	**passé composé:** j'ai acheté

Bei Verben wie «**répéter**» gibt es eine ähnliche Veränderung:

stammbetont -è	**endungsbetont -é**
je rép**è**te	nous répétons
tu rép**è**tes	vous répétez
il/elle/on rép**è**te, ils/elles rép**è**tent	
Imperativ: Rép**è**te!	**passé composé:** j'ai répété

Die Verben «**compléter**» (vervollständigen), «**préférer**» (vorziehen), «**espérer**» (hoffen) werden genauso konjugiert.

A 11 Übersetze (auf einem Extrablatt).

1. Wiederhole dieses Wort, bitte.
2. Kommt er bald? – Ich hoffe es.
3. Ich habe (es) nicht verstanden, wiederholen Sie bitte Ihre Frage.
4. Wir hoffen, dass Claudine gut angekommen ist.
5. Er will seine Comicsammlung vervollständigen.

A 12 Ergänze mit den Formen von «préférer».

1. Denise aime le tennis. Ses frères ____________ le football.
2. Qu'est-ce qu'on va faire? Regarder la télé ou faire une promenade?
   – Je __________ faire une promenade.
3. Qu'est-ce que vous _______________?
4. Tu _______________ quel CD?

A 13 Rechtschreibung: Ergänze die Endung des participe passé falls nötig.

1. Combien de bouteilles de vin as-tu acheté____? – J'en ai acheté___ deux.
2. La poste est fermé___ maintenant. Est-ce qu'ils y sont allé___?
3. Est-ce que tu as mangé___ les bonbons que j'ai acheté___ pour l'anniversaire de Claude? – J'en ai mangé___ seulement deux.
4. Elle n'est pas allé___ en autobus. Elle a préféré___ aller en train.

Lösungen

1. Fragesätze mit und ohne Fragewort

1 **1.** librairie, **2.** boulangerie, **3.** kiosque, **4.** épicerie, **5.** magasin de sport

2 de la limonade – des bonbons – des cigarettes

3 **1.** Qu'est-ce que Luc dit à sa copine?
2. Pourquoi est-ce que tu ne vas pas au cinéma?

4 **1.** Où est-ce que Marie achète du papier à lettres?
2. Quand est-ce que vous allez arriver à Paris?
3. Qu'est-ce qu'elle achète au marché?
4. Pourquoi est-ce que Pierre va à la librairie?
5. A qui est-ce que Marie écrit une carte postale?

5 **1.** Qui est-ce qui n'est pas à la maison? Qui n'est pas à la maison?
2. Qu'est-ce qu'Yvonne regarde? Que regarde Yvonne?
3. Avec qui est-ce que Claudine parle? Avec qui parle Claudine?
4. Pourquoi est-ce qu'ils vont à la papeterie? Pourquoi vont-ils à la papeterie?

6 **1.** Quel, **2.** quelle, **3.** Quels, **4.** Quelles

7 **1.** Quelle heure est-il? **2.** De quelle couleur est la voiture? **3.** Quel âge a Marc? **4.** Quel est le nom de ce garçon? **5.** De quelle couleur sont les t-shirts?

8 **1.** L'épicerie est où? **2.** Luc achète un journal pour qui? **3.** Le magasin de sport ouvre quand?

9 **1.** Où est-ce qu'on peut acheter des journaux ici? – Au kiosque à la gare.
2. Est-ce que vous n'avez pas de monnaie pour le distributeur automatique? – Si, voilà cinq euros.
3. Pourquoi est-ce que tu n'achètes pas les fruits au marché? – Parce qu'ils sont très chers.

10 **1.** Où – ou – où
2. Qu'est-ce que c'est?
3. Quels – quelles – quelle – quelle – Quel

2. Das Adjektiv

1 **1.** petite, **2.** simple, **3.** intelligente, **4.** bonne

2 **1.** drôle – komisch, bête – dumm, magnifique – großartig, fantastique – fantastisch
2. intelligent (amusant, important, intéressant werden mit «a» geschrieben)
3. une jolie maison – un examen difficile – un garçon gai

3 amusants – vraie – grand – bons – importantes

4 **1.** allemands, **2.** jolies, **3.** amusant, **4.** française

5 **1.** la langue française est difficile, **2.** une histoire amusante – elle est vraie, **3.** une grande ou une petite ville

6 **1.** le cinquième mois, **2.** un mauvais film, **3.** un temps magnifique, **4.** un petit livre, un livre intéressant, **5.** cette question difficile, une simple réponse, **6.** une fille sympa

7 **1.** Ma chère Nadine, merci beaucoup pour ta lettre. **2.** La BD «Astérix chez les Swisses» est très amusante, mais difficile à lire. **3.** Chantal est une bonne copine/amie, elle est toujours gaie. **4.** Il y a peut-être des chiens intelligents, mais notre «Médor» est assez bête.

8 intéressant – étage – répétons – différence – numéro – télévision

3. Die unregelmäßigen Formen des Adjektivs, Steigerung und Vergleich

1 **1.** amoureux – amoureuse, **2.** sportif – sportive, **3.** dangereux – dangereuse

2 **1.** brune, **2.** européenne, **3.** autrichienne, **4.** pleine, **5.** mignonne, **6.** américaine

3 **1.** fausse, **2.** ennuyeuse, **3.** légère

4 **1.** 2 × longue, **2.** 2 × gentille, **3.** une belle chemise blanche – la chemise n'est plus belle et elle n'est plus blanche non plus

5 **1.** nouvel – nouvelles – nouvelle – nouveaux
2. beaux – belle – bel – belles
3. vieil – vieux – vieilles – vieux

6 **1.** Est-ce que c'est un nouvel hôtel? – Non, il est vieux.
2. Devant la maison, il y a un vieil arbre, il est déjà très vieux.
3. La vieille dame a un bel appartement.

7 **1.** fraîche, **2.** folle; grande

8 **1.** C'est la dernière fois que je vais chez Monique; elle est toujours si agressive.
2. Prenez la première rue à gauche après le feu rouge.
3. Yvonne est heureuse, parce qu'elle est de nouveau amoureuse.

9 **1.** chère, **2.** chères, **3.** cher, **4.** chers

10 **1.** moins longue que, **2.** plus long que, **3.** plus longue que, **4.** la plus longue

4. Die unverbundenen Pronomen, die direkten und die indirekten Objektpronomen

1 la boxe – l'équitation – la natation

2 **1.** Moi – Vous, **2.** Lui, **3.** Toi, **4.** elles, **5.** Eux, **6.** Lui – elle

3 **1.** eux, **2.** elles, **3.** nous, **4.** lui

4 **1.** elles, **2.** eux, **3.** elle

5 **1.** lui, **2.** elles, **3.** eux, **4.** elle

6 **1.** le fromage – le yaourt, **2.** le poisson, **3.** le jambon, **4.** le pain, **5.** la choucroute

7 la saucisse – la viande – la salade

8 **1.** les, **2.** le, **3.** la

9 **1.** leur, **2.** lui, **3.** leur, **4.** lui

10 **1.** leur, **2.** l', **3.** leur, **4.** le, **5.** la, **6.** lui, **7.** les, **8.** le, **9.** leur

11 **1.** ne lui donne pas , **2.** ne les avons pas, **3.** ne leur plaît pas, **4.** ne l'achète pas, **5.** ne le veux pas, **6.** ne lui montre pas

12 **1.** Nous leur montrons les curiosités de la ville. **2.** Donnez-lui quelque chose à manger. **3.** Mmh! La glace, je l'aime beaucoup. **4.** Où est ma clé? Je ne la trouve pas. **5.** Est-ce que vous aimez ce jambon? – Non, nous ne l'aimons pas.

13 **1.** La – là-bas, **2.** l'as, **3.** l'a

5. Die Relativpronomen und das indefinite Pronomen «tout»

1 pittoresque – touristique – rivière – étrangère

2
1. le gâteau – les gâteaux = Kuchen; le couteau – les couteaux = Messer; le manteau – les manteaux = Mantel; le château – les châteaux = Schloss
2. un lycée = Gymnasium; une arrivée = Ankunft; une entrée = Eingang; une cuillerée = ein Löffel (voll)

3 qui – qui – que – qui – qui – que – que – que – que

4
1. L'étrangère qui arrive cherche un guide. – L'étrangère qui cherche un guide arrive.
2. La cathédrale qui s'appelle Saint Martin est au centre-ville. – La cathédrale qui est au centre-ville s'appelle Saint Martin.
3. Le restaurant que vous cherchez se trouve dans le vieux quartier.

5 **1.** que Luc a écrite, **2.** que le vendeur lui a montrés, **3.** qui nous a montré

6 Ce sont Nadine et Colette qui vont fêter leur 14e anniversaire …
C'est leur 14e anniversaire qu'elles vont fêter …
C'est vendredi prochain qu'elles vont fêter …
C'est au club des jeunes qu'elles vont fêter …

7 **1.** tous les – toutes les – Tout
2. toute la – toute la – tous les

8 **1.** Qui a mangé tout mon gâteau? **2.** Qui a acheté toutes ces boissons? **3.** Je n'ai pas fait tous ces travaux. **4.** As-tu lu tous ces livres? **5.** Tout le monde connaît ce groupe de rock.

9 **1.** achetées – achetés, **2.** portée – porté – porté

6. Die Pronomen «en» und «y»

1 **1.** de l'huile, **2.** la pâtisserie, la tarte, la glace, **3.** avoir faim

2 le rôti – der Braten, la tartine – die Brotscheibe, la pâtisserie – das Gebäck

3 le thé, le café au lait – la salade – la glace

4 le rôti, le jambon, la viande, la saucisse

5 Tu en prends encore? Non, je n'en prends plus.
Tu en veux encore? Oui, j'en prends encore un peu.

6 Non, je n'en ai plus. – Non, merci, je n'en veux plus.

7 **1.** Tu aimes la pâtisserie? Oui, je l'aime beaucoup. Tu en prends encore? Oui, j'en prends encore.
2. Tu en veux un? Oui, j'en veux un.
3. Tu vas apporter le thé? Oui, je vais l'apporter.

Lösungen

8 **1.** Oui, j'en ai déjà pris. **2.** Non, il n'en a pas mangé. **3.** Oui, je vais encore en manger. **4.** Oui, ils en ont beaucoup mangé. **5.** Non, nous n'allons pas en boire.

9 **1.** Est-ce que vous en avez pris un peu? **2.** Est-ce que tu en as acheté une bouteille? **3.** Est-ce qu'elle n'en a plus bu?

10
1. Est-ce que tu as encore de la salade? Non, je n'en ai plus.
2. Voilà du pain et du jambon. Servez-vous-en.
3. Voilà encore du rôti. Prenez-en/Servez-vous-en, mais n'en prenez pas trop.
4. Nous n'avons plus de lait. Je vais en apporter tout de suite.

11 **1.** la capitale, **2.** stade, **3.** bâtiment, **4.** métropole

12 **1.** Non, je ne veux pas y vivre. **2.** Oui, nous y avons été souvent. **3.** Non, nous n'y allons pas. **4.** Oui, ils y habitent. **5.** Oui, j'y vais.

13
1. Est-ce que tu vas souvent au cinéma? – Oui, j'y vais chaque semaine.
2. Vous voulez aller au concert de rock? Nous allons y aller dimanche.
3. Le stade n'est pas loin d'ici. Allons-y!
4. Le cadeau de Claudine? – Oh, je n'y ai plus pensé.
5. Est-ce que tu penses souvent à Chantal? – Oui, je pense souvent à elle.

14 **1.** y – en, **2.** en – y, **3.** y – en, **4.** y – en, **5.** y

15 **1.** en, **2.** les, **3.** y, **4.** le, **5.** l'

16
1. Est-ce qu'il y a encore du jus de fruits? – Non, il n'y en a plus.
2. Est-ce qu'il y a de la neige sur ces montagnes? – Non, il n'y en a jamais.
3. Est-ce qu'il y a encore des places libres? – Oui, il y en a encore dix.

7. Das passé composé mit «avoir» und «être»

1 **1.** nous avons mis, **2.** elle a pris, **3.** vous avez eu, **4.** il a écrit, **5.** j'ai lu, **6.** ils ont dormi

2 **1.** nous n'avons pas téléphoné, **2.** je n'ai pas ouvert, **3.** elle n'a pas fait

3 **1.** lu, **2.** bu, **3.** compris, **4.** ouvert, **5.** appris

4 **1.** Est-ce que tu as été à Versailles? **2.** Tu as eu de la chance. **3.** Je n'ai pas eu d'argent. **4.** Est-ce que vous avez été là? (Est-ce que vous y avez été?)

5 Mme Leclerc a fait – Elle a acheté – elle a préparé – Elle a mis – la famille a fait – Ils ont pris – ils ont pique-niqué – ils ont visité – Ils ont quitté

6 **1.** J'ai eu froid. Est-ce que vous avez eu froid? Ils n'ont pas eu froid.
2. Paul a été à la maison. Est-ce qu'ils ont été à la maison? Vous n'avez pas été à la maison.

7 **1.** Luc est allé, **2.** le bus est arrivé – Luc est monté, **3.** Luc est arrivé – il est entré, **4.** il est sorti, **5.** Il est rentré, **6.** Jacques est venu – il est resté

8 **1.** est parti, **2.** est arrivé, **3.** est descendu, **4.** est rentré

9 **1.** Le verre n'est pas tombé. **2.** Le garçon n'est pas resté longtemps. **3.** Il n'est pas allé voir son camarade. **4.** Il n'est pas venu à 19 heures.

10 **1.** avons, **2.** est, **3.** est, **4.** est – a, **5.** a – est, **6.** avons – eu, **7.** es – es – as

11 **1.** Parlez, **2.** aller, **3.** regarder, **4.** acheté, **5.** N'allez pas, **6.** retourné

12 **1.** fini, **2.** choisit, **3.** finit, **4.** dormi, **5.** dis, **6.** compris, **7.** écrit, **8.** pris, **9.** mis

8. Das participe passé in Verbindung mit «être» und «avoir»

1 **1.** parti – partie, **2.** tombée, **3.** allés, **4.** partie, **5.** restées, **6.** arrivé, **7.** allée

2 **1.** L'étudiante, **2.** M. Leclerc, **3.** Les filles, **4.** Les étudiants

3 **1.** Mon amie/ma copine est partie. **2.** Qui est venu? **3.** Elle n'est pas descendue du train. **4.** A quelle heure est-ce que vous êtes arrivés/arrivées? **5.** Elle est retournée à Paris. **6.** Où es-tu tombée, Gisèle?

4 **1.** mise, **2.** faites, **3.** pris, **4.** achetées, **5.** vu, **6.** prêtée, **7.** regardée, **8.** achetés, **9.** bu, **10.** mangés

5 **1.** je l'ai réparée, **2.** nous l'avons vu, **3.** je l'ai rencontrée, **4.** elle ne l'a pas encore rangée

6 **1.** Je les ai invitées, **2.** montré, **3.** ils nous ont invité(e)s, **4.** je t'ai téléphoné

7 **1.** Quelle, **2.** qu'elle, **3.** qu'elles, **4.** Quelles

8 organisé – écrit – accepté – acceptée – refusée – restée – partis – gardé – préparé – aidée – apporté – mises – bues – apporté – mis – plu – rentrés – remercié – dit

9
1. Martine est allée chez le pâtissier.
2. Là, elle a vu une belle, petite tarte, elle lui a plu et elle l'a achetée.
3. Elle l'a offerte à son amie Odile pour son anniversaire.
4. Odile l'a remerciée et elle a mangé la tarte tout de suite, parce qu'elle est gourmande.

9. Das imparfait

1 **1.** nous chantons – il chantait, **2.** nous voulons – vous vouliez, **3.** nous plongeons – je plongeais, **4.** nous trouvons – elles trouvaient, **5.** nous allons – tu allais, **6.** nous corrigeons – il corrigeait, **7.** nous vivons – nous vivions, **8.** nous disons – ils disaient, **9.** nous lançons – elle lançait, **10.** nous choisissons – il choisissait

2 **1.** était, **2.** faisait, **3.** nageait, **4.** prenait, **5.** pouvait – avait, **6.** devait – lisait – écrivait

3 faisaient – avait – la télévision – parlaient – jouaient – invitaient – allaient – cinéma – avait

4 **1.** je mangeais, nous mangions, vous mangiez, ils mangeaient
2. je commençais, nous commencions, vous commenciez, ils commençaient
3. je voyais, nous voyions, vous voyiez, ils voyaient
4. je travaillais, nous travaillions, vous travailliez, ils travaillaient

5 **1.** C'était, **2.** rentrait, **3.** roulait – avait, **4.** était, **5.** a freiné, **6.** a dû, **7.** a heurté, **8.** est venue

6 **1.** tu as fait, **2.** Je suis allée, **3.** Il n'avait pas – Il devait – nous avons essayé, **4.** C'était, **5.** Il faisait – étaient

10. Wichtige unregelmäßige Verben

1 **1.** Qu'est-ce que tu écris? **2.** Ecrivons une carte postale à notre prof. **3.** Je ne lui écris pas, parce qu'elle ne m'écrit pas. **4.** Les élèves n'écrivent pas beaucoup.

2 **1.** Qu'est-ce que vous lisez-là? **2.** Lis cette lettre! **3.** Claudine lit un roman intéressant. **4.** Ils lisent un article de journal en classe. **5.** Est-ce qu'il lit au lit?

Lösung zum Bild auf S. 93: Jeder hat Recht. Der 1. Junge sagt: Ich bin der Größte. Der 2. und der 3. Junge sagen: Ich folge dem Größten.

3 **1.** Suivez-moi, s'il vous plaît. **2.** La police poursuit les gangsters. **3.** Je ne peux pas vous suivre, vous parlez trop vite. **4.** Nous suivons le guide.

4 **1.** Mon copain (ami) connaît bien la ville. **2.** Connaissez-vous ce film? **3.** Je ne connais pas son nom. **4.** Nous ne connaissons pas encore Paris. **5.** Pierre ne connaît pas ce mot.

5 **1.** Tu vois cette maison-là? **2.** Qu'est-ce que vous buvez? **3.** Ils ne boivent pas de vin. **4.** Avez-vous soif? Voulez-vous quelque chose à boire? **5.** Julie? Je ne l'ai pas vue. **6.** Il n'a pas bu le café. **7.** Voyez-vous le problème? **8.** Il ne voit pas bien sans lunettes.

6 **1.** Est-ce que le film t'a plu? **2.** Est-ce qu'il a plu toute la journée? **3.** Est-ce que Lyon te plaît? **4.** Est-ce que la photo n'a pas plu à ta sœur?

7 **1.** dû – doit – doivent – dois – devons, **2.** peux – pouvons – pu – peuvent, **3.** sais – su – savent – Savez-vous – sais, **4.** veulent – veux – voulu – veulent – voulez

8 **1.** peut, **2.** Savez, **3.** sais, **4.** peuvent, **5.** Savent, **6.** pouvons

9 **1.** vivons, **2.** vécu, **3.** vivent, **4.** vit, **5.** vis

10 **1.** courent, **2.** court – cour, **3.** cours, **4.** court, **5.** cours, **6.** courts

11
1. Répète ce mot, s'il te plaît.
2. Est-ce qu'il va venir bientôt? – Je l'espère.
3. Je n'ai pas compris, répétez votre question, s'il vous plaît.
4. Nous espérons que Claudine est bien arrivée.
5. Il veut compléter sa collection de bandes dessinées.

12 **1.** préfèrent, **2.** préfère, **3.** préférez, **4.** préfères

13 **1.** achetées – acheté, **2.** fermée – allés, **3.** mangé – achetés – mangé, **4.** allée – préféré